待谷　忠孝

中小企業が成長するためのデザイン戦略

価値を創る、価値を伝える

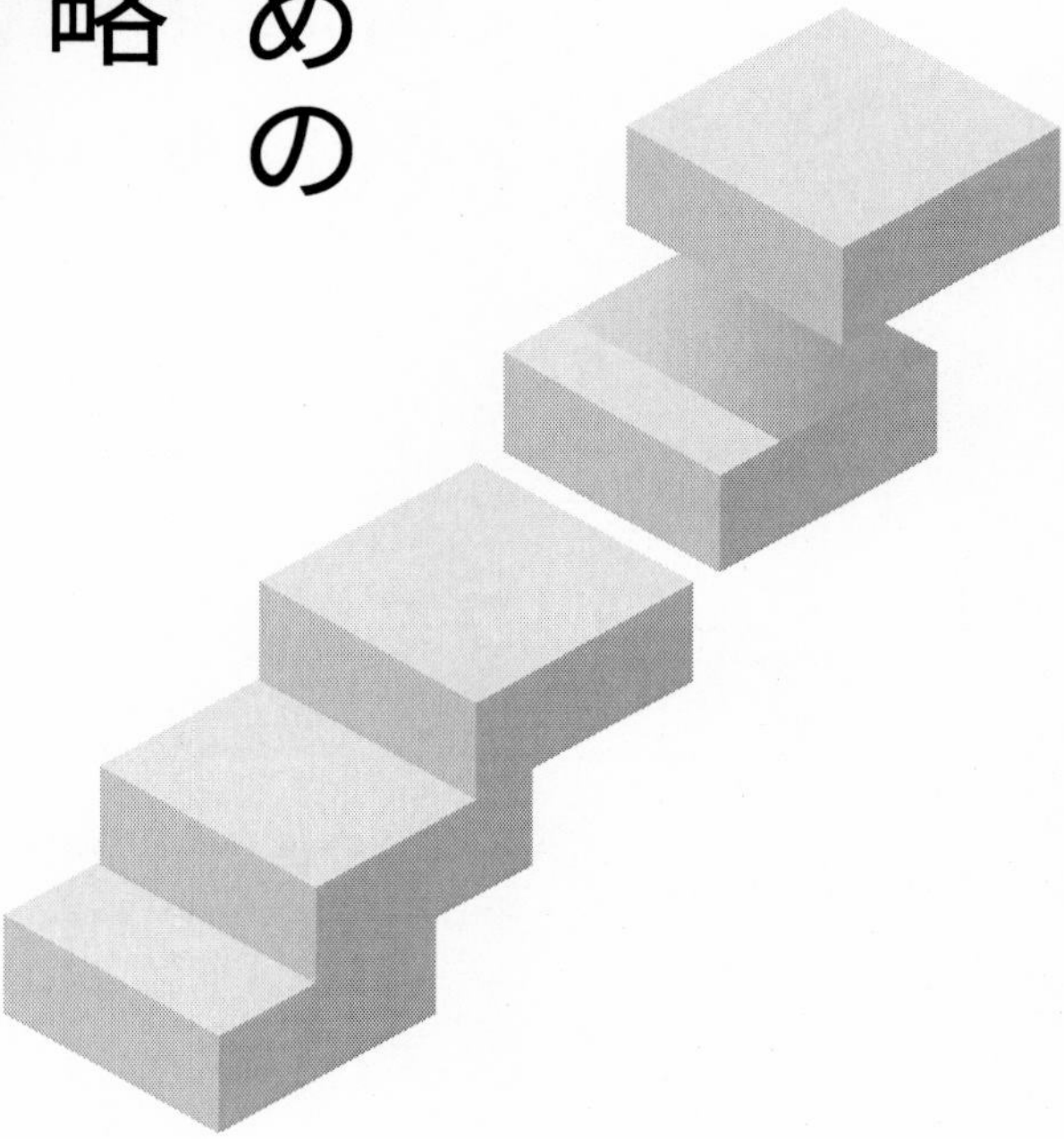

三恵社

はじめに

全ての企業はデザインを使用しています

本書をお読みいただいているということは、経営におけるデザインに関して何らかの興味をお持ちだと思われます。しかし、デザインとは消費者向け商品の審美性を高めるため「だけ」に使用されるものであって、事業者向け商品やサービス業にとっては無関係だという認識をお持ちの方も多いのではないでしょうか。

決してそんなことはありません。消費者向け、事業者向けを問わず、また取り扱っているものが有形財であるか、無形財（サービス）であるかを問わず、全ての企業が何らかの形でデザインを使用しています。

例えば、ほぼ全ての事業者が名刺を使用しているはずです。会社案内、Ｗｅｂサイト、そしてそれらには企業のロゴマークを使用しているのが一般的です。特に店舗であれば、ショップカード、制服、看板、チラシ、ＰＯＰ、のぼりなども普段から使用しています。その他にも、広告宣伝や販売促進目的でパンフレットやカタログ、ポスターなど、業種・業態を問わず、使用されている企業も多いのではないでしょうか。

色々と例を挙げましたが、いずれも大なり小なりデザインが施されています。審美性の高い・低い、ありふれたものであるか否か、誰が作ったものであるかは問いません。人間が作るものには全てデザインが施されています。

全ての事業者がデザインを使用しているということが、これでお分かりいただけたのではないでしょうか。本書をお読みいただいている事業者の方も、前述したもののいずれか一つ、あるいはいくつかを実際に使用されているでしょう。

さて、イギリスにデザイン・カウンシル（The Design Council）という、デザインに関する団体があります。デザイン・カウンシルは、デザインで強化される事業領域として、以下の4つを挙げています。[1]

■市場において、より強く、より説得力を持たせてブランドを際立たせる。

■新しいアイデアの市場投入を加速させる。

■既存の市場を変革し、新たな市場を開拓する新製品やサービスの創造。

■イノベーション活動をより効果的にサポートする、製品・サービスを開発するための

1 https://www.designcouncil.org.uk/sites/default/files/asset/document/DesignDelivers for Business briefing.pdf

新しいプロセスの確立。

デザイン・カウンシルによると、商品やサービスの開発面、市場投入や競合との競争面において、デザインがプラスの効果をもたらすとしています。さらに、デザインの定量的な効果として、1ポンドのデザインの投資に対して、売上は20ポンド以上、営業利益は4ポンド以上増加し、輸出に関しても5ポンド以上の増加が期待できるそうです。

「あれ？　どの企業もデザインを使用しているということは、うちもデザインを使用していることになるけれど、そんな効果は全く感じないけど」「いや〜、デザインを変えたところで効果なんか変わらないよ」「デザインなんて表面的なもので、本質的な価値には影響しないんじゃないの？」なんて思われた方も多いのではないでしょうか。これらの感想は正しいです。

残念なことに、デザインを日常的に「使用」していますが、ほとんどの企業はデザインを効果的に「活用」できていません。それは中小零細企業だけでなく、大企業においても同様です（「使用」「活用」という2つの単語を意図的に使い分けています。以後はデザインについて述べる場合に、単にデザインを使用しているだけの場合は「使用」を、効果的に使用できている場合は「活用」と使い分けます）。

「デザインについてはよく分からないから、デザイナーに任せている。ラフ案と完成したものだけチェックしている」「広告代理店からの提案の品質が高いので問題がないと考えている」、これではデザインの効果的な活用は難しいと考えられます。後ほど詳しく説明いたしますが、企業の経営においてデザインの担う役割やデザインの持つ効果について認識されていないのではないでしょうか。

逆に「うちはデザインにこだわっています」という企業もあるでしょう。この「こだわり」というのも曲者です。こだわるべきなのはデザインによる成果であって、自分が気に入ったデザインにすることではありません。元々は目的があったはずなのに、ラフデザインを提示された時からデザインの目的が自分の気に入ったデザインのものを作ることになってしまうなんてケースは日常茶飯事です。クリエイター側もプロですから、相手が気に入るように体裁を整えることはできます。しかし、デザインが依頼側の担当者の好みに合っているかということは、企業活動において効果や成果を生むデザインであることとイコールではありません。

デザイナーはデザインのプロですが、プロに任せているのにもかかわらず、効果がないのはなぜでしょうか。いくつか理由はありますが、経営とデザインの両方の視点を持っている人が極めて少ないというのが大きな理由として考えられます。

実際に、大学の経営学部や商学部、大学院の経営学研究科、商学研究科といった、経営やマーケティングを学ぶ教育機関において、一般的にデザインに関する授業はほとんどありません。つまり、経営について学ぶ場において、デザインについて理解を深める機会がないというのが現実です。

デザイナーの側も同様で、芸術大学・美術大学や大学院において、またデザイン系の専門学校において、一般的に経営やマーケティングについて学ぶための授業がない、あるいは学ぶ機会が極めて少ないのが現状なのではないでしょうか。

経営を学んだ方はデザインの重要性をあまり認識しておらず、デザインを学んだ側も経営を学ぶ重要さをあまり認識していないのであれば、経営とデザインの両方の視点を持っておらず、それらが結びつかないというのは必然的だといえるでしょう。

デザインを戦略的に、効果的に活用するためには、依頼する企業側もデザインに対する理解が必要です。デザインに対する理解といっても、専用のソフトを使用して自分で手を動かしてデザインができるようになるということではありません。デザインの効果や意味を理解して、企業の経営にはどう生かせるのかということを理解するということです。

本書のターゲット

本書のターゲットは売上や利益を向上させるのが大変だと感じていらっしゃる中小企業の経営者様を想定しています。業種は特に問いませんし、事業内容が事業者向けか消費者向けかということも問いません。

コモディティ化している商品・サービスを取り扱っているため、価格競争をせざるを得ない。売上高は3億円、5億円、10億円に壁があるなどと言いますが、そういった壁に突き当たり、壁を乗り越えるためのブレークスルーをしたい。このまま既存の事業を続けていても尻すぼみになってしまうため、今後は新たな価値を提供したい。そういった経営者様を主に想定しています。

それぞれの経営者様がそれぞれのビジョン、目標、課題といったことを抱えていらっしゃいます。ありとあらゆる問題をデザインで解決できるとまでは言えませんが、デザインが経営において大きな力になるというのは事実です。

本書における「デザイン」の定義

本書は経営における戦略的なデザインの活用について書かれています。本題に入る前に「デザイン」という言葉について、きちんと定義しておきたいと思います。

デザインという言葉の意味としてどういったことをイメージされるでしょうか。国語辞典にてデザインという語を引くと、概ね「意匠」「設計」「計画」などと書かれています。審美性を高めるための「意匠」という意味が一番イメージしやすいのではないでしょうか。

特に近年は広義に捉えて「経営のデザイン」「組織のデザイン」「体験のデザイン」といったように、設計や目標を達成する計画といった使い方もされるようになったと感じています。

例えば、内閣府の知的財産戦略推進事務局が、2018年5月に経営デザインシートというものをリリースしました。[2] これは「デザイン」という単語が「設計」という意味で使用されている例だといえるでしょう。

確かに企業の経営を行うにあたって、何らかの計画を立てる、何らかの設計を行うということは日常的に行われています。しかし、「組織のデザイン（設計）やサービスのデザイン（設計・計画）を行う。だから経営においてデザインが重要だ」と言われても、従来使用されていた「設計」「計画」という単語を「デザイン」という単語に置き換えただけで、そこから具体

2　https://www.kantei.go.jp/jp/singi/titeki2/keiei_design/

的に何をどうしたら売上が上がるのか、費用が削減できるのか、といったことには繋がらないのではないでしょうか。

「意匠」「設計」「計画」という3つの意味を、「デザイン」という1つの単語で表してしまうと読み手の混乱を招き、理解の妨げになりかねません。したがって、**本書においては「デザイン」という単語は意匠という意味でのみ使用します。**

では、意匠とは具体的には何を指しているのでしょうか？　意匠法第二条では、意匠を以下のように定義しています。

この法律で「意匠」とは、物品（物品の部分を含む。第八条を除き、以下同じ。）の形状、模様若しくは色彩又はこれらの結合であつて、視覚を通じて美感を起こさせるものをいう。

これに倣い、本書でもデザインとは形状・模様・色彩、およびそれらの結合（組み合わせ）といたします。

今後の中小企業の経営について

我が国において、事業者全体の約99・7％を占め、雇用の約7割を占める中小企業は日本経済の基盤を支える主役です。

少子高齢化、法改正、技術の進歩といった企業を取り巻く外部環境の変化は常に起こっています。また、新興国の経済発展、環境保護に対する世界的な意識変化といった海外からの影響に関しても、中小企業だって無縁ではいられません。むしろ、中小企業は規模が小さいために環境の変化の影響を良くも悪くも大企業よりも受けやすいかもしれません。しかし、規模が小さいということは、大企業よりも変化に対して対応しやすいのも事実です。

環境の変化に対応しながら、買い手に提供する付加価値を高め、競合との競争に勝ち抜く必要があるということは、いずれの企業においても共通しているのではないでしょうか。

提供する商品やサービスを購入していただくためには、提供する付加価値が買い手にきちんと伝わる必要があります。しかし、「品質が良ければ売れる」「一度使ってもらったら分かる」「良いものを作っていたらいずれ分かってもらえる」、このように考えていらっしゃる方も多いのではないでしょうか。商品の品質は使ってみないと分かりません。飲食店も実際に行って食べてみないと分かりません。そのためには買い手に購入しようと思っていただく必要があります。したがって、「良いから買う」のではなく、「良さそうだから買う」なのです。買い手に「良さそう」と思ってもらうために、付加価値をちゃんと伝えることが必要です。しかし、世の中には情報が溢れています。黙っていてもどんどん情報が入ってくる中で、買い手が自ら探して、調べて、判断してくれるということに頼ることはできません。自ら伝えたい相手にきちんと正しく情報を伝える必要があります。

価値を創り、あるいは高め、そしてその価値を買い手に伝えるために、経営において戦略的にデザインを活用しましょうというのが本書の趣旨です。

中小企業が成長するためのデザイン戦略――目次

第1章

中小企業を取り巻く環境

中小企業を取り巻く環境の変化

我が国の中小企業を取り巻く環境は日々変わっています。外部環境の変化は企業に大小様々な影響を与えます。良い変化であれば成長の機会とするために積極的に生かしたいところですし、都合の悪い変化であれば回避することで悪い影響から逃れる、あるいは脅威が去るまで耐え忍ぶ必要があります。

このように、外部環境の変化に対してうまく対応していかなければ、企業は生き残っていくことができません。現在、我が国の中小企業を取り巻く環境の変化として、どのようなことが起こっているのでしょうか。また、それらが中小企業の経営に対して、どのような影響を与えるのかということを最初に確認したいと思います。

人口減少と少子高齢化

2008年の1億2808万人をピークに、我が国の人口は減少に転じています。国立社会保障・人口問題研究所の推計によると、今世紀半ばには我が国の人口は1億人を下回ることが見込まれているそうです。[1] 現在から約30年で約2割の人口が減少することになりますので、そ

1 国立社会保障・人口問題研究所「日本の将来推計人口　平成29年推計」
http://www.ipss.go.jp/pp-zenkoku/j/zenkoku2017/pp29_ReportALL.pdf

の影響は全ての事業者にとって無視できないほど大きいものであることは間違いないでしょう。

人口減少と少子高齢化は大きく3つの事象を引き起こします。①国内市場の縮小、②需要の変化、③労働力確保の困難化です。では、それぞれを詳しく見ていきましょう。

①国内市場の縮小

人口が減るということは、商品やサービスを購入してくれる人が減ってしまうわけですから、市場が縮小するということです。我が国の人口が増えていた時代であれば、人口の増加に伴って国内の市場も自然と拡大していました。しかし、市場が縮小するということは需要そのものが減っていくため、既存のやり方、既存のビジネスモデルのままでは売上は低下してしまいます。

売上は「客数×客単価」に分解できますが、市場の縮小によって客数と客単価がそれぞれどのような影響を受けるのかをもう少し詳しく考えてみましょう。

市場が縮小する初期段階においては、事業者は市場からすぐに撤退しようと思わず、なんとか売上を維持しようとするのが一般的ではないでしょうか。市場が縮小しつつある中でそれぞれの事業者が売上を維持しようとするため、必然的に競争が激しくなってしまいます。そんな状況において、売上を維持するために商品・サービスの供給量を減らさないとどうなるでしょうか。需要よりも供給が多くなるということですので、売り手は価格を下げてでも販売しようとします。これを「売上＝客数×客単価」に当てはめてみましょう。仮に客数を維持できたとしても、客単価は下がるわけですから売上は下がってしまうことになります。

では、市場の縮小に伴って供給量を減らすとどうなるでしょうか。「売上＝客数×客単価」に当てはめてみると、客数が減るわけですから、やはり売上も下がることが分かります。

このように、供給過多の状態になると、買い手にとって選択肢が増え、相対的に買い手が有利になります。競合に顧客を奪われまいとして価格を下げたり、無理を聞いたりとなると、利益率の低下を招いてしまいます。

国内市場の縮小に対する解決策として、海外市場への進出といったことが考えられます。実際、海外に進出することを希望する企業は、今後ますます増えることが予想されます。

中小企業の海外進出の重要性や需要の増加に伴い、国や公的機関の海外市場への進出に関する支援は今以上に充実するでしょう。そのため、海外進出のハードルも下がっていくものだと考えられます。しかし、海外市場に進出ができることと、海外市場に進出することによって成功することはイコールではありません。文化も商習慣も法律も異なる国で成功するのは、日本国内で成功するよりもはるかに難しいことはいうまでもありません。

また、全ての事業者が海外進出できるわけではありません。事業内容や規模によっては海外進出が難しい企業もあります。そういった企業は、今後も国内で頑張るしかありません。

事業内容や企業規模がどのようなものであったとしても、国内市場の縮小に対して何も対策をしなければ、売上が下がっていってしまいます。企業規模を維持する、あるいはより拡大するためには、事業ドメインの変更、ビジネスモデルの変更といった抜本的な変更が必要です。

②需要の変化

我が国の人口減少による内需の縮小を見込んで、政府が外国人観光客の呼び込みに力を入れ始めました。その結果、外国人観光客が飛躍的に増えているのはどなたも実感されているのではないでしょうか。

2012年時点での外国人観光客数は約836万人でしたが、翌年の2013年は約1036万人となり、1年で20％を超える増加率でした。外国人観光客数はそのまま右肩上がりで増え続け、2019年では約3188万人となっています。政府が当初目標にしていた2020年までに2000万人達成、2030年までに3000万人達成という目標をはるかに上回るペースで外国人観光客数が増加したことになります。

外国人観光客数の増加に伴って宿泊施設の利用者数も増えるため、ホテルの数も増加しているのはご存じだと思われます。ホテルが増加すると、ベッド、TVやシャワーといった設備類、せっけんやシャンプーといった消耗品など、ホテルで使用されるものの需要が増加します。また、リネン類のホテルへの提供やクリーニングを行う事業者、食材の納入業者といった宿泊施設にサービスを提供している事業者の市場に影響を与えます。

また、少子高齢化とは、言い換えると年代ごとの人口構成が変わるということであり、人口の減少や高齢化によって変化する需要に影響を与えます。

子供が減っていることによって、一人の子供に対して使用する金額が大きくなっています。人口が一番多い団塊世代をターゲットにした商品・サービスが充実するといった大きな動きがあります。

既存の市場が縮小するのであれば、事業内容やスキームを変えて売上の維持・拡大を目指す必要があります。そのためには先を見据えた経営判断が必要です。これから伸びることが見込まれる市場に参入したいと思っても、先行している企業に勝つのは難しいでしょう。経営資源に限りがある中で、売上や利益を維持・拡大できる事業への転換や市場参入が必要になっていくでしょう。

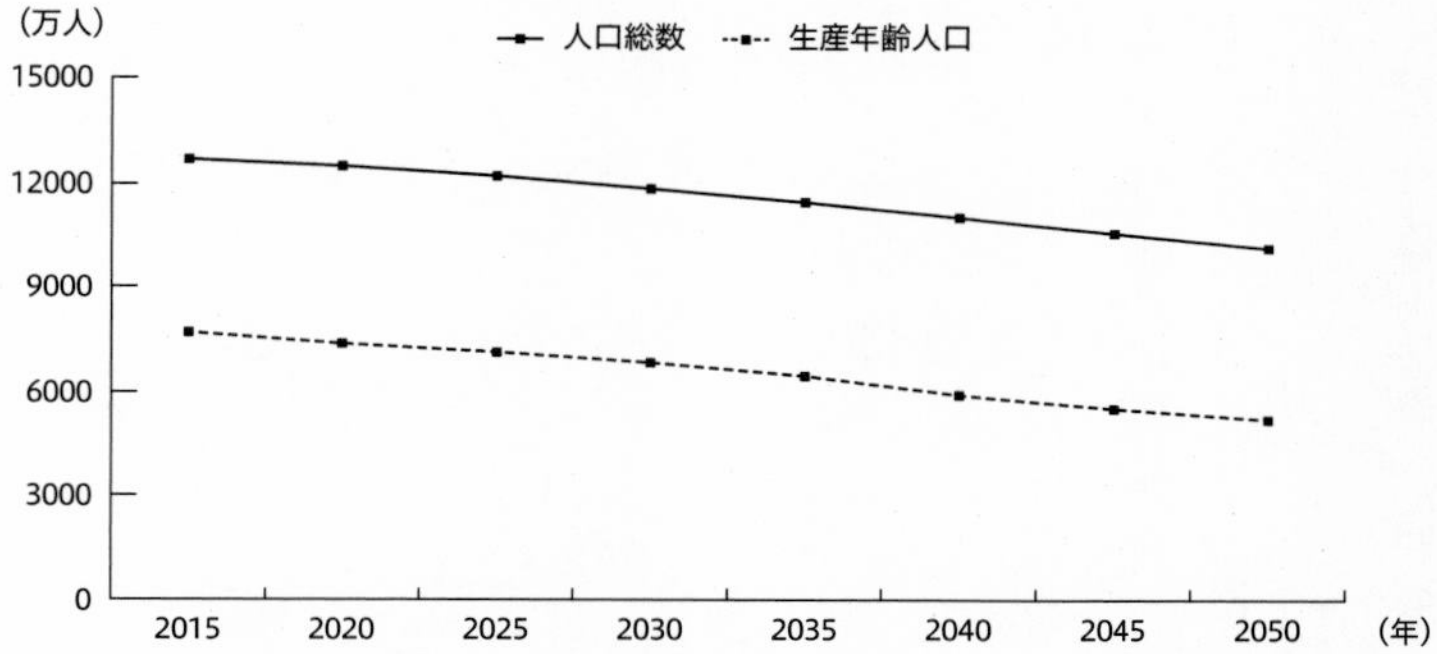

「我が国の人口推移予測」

出典：国立社会保障・人口問題研究所「日本の将来推計人口　平成29年推計」を基に筆者作成

③ 労働力確保の困難化

我が国の少子高齢化は生産人口の減少を招いています。その時々の景気や事情によって転職・採用市場が売り手市場になったり、買い手市場になったりしますが、中小企業においては概ね人材の確保が難しいというのが現状だと思われます。

前出の国立社会保障・人口問題研究所によると、２０１５年時点での全人口における生産年齢人口（15～64歳の人口）は約７７２８万人で、全人口における割合は約60・８％となっていますが、このまま少子高齢化が進むと２０５０年時点での生産年齢人口は約５２６５万人で、全人口における割合が約51・８％まで減少していくことが見込まれるとのことです。

政府は対策として、定年の年齢を引き上げることで労働力の減少を遅らせたり、海外の人材の活用で労働力の確保を図ったりしています。しかし、人口が減少しており、少子高齢化している状況が変わらない限り解決はできません。したがって、人材不足の傾向は今後も続きます。

どれだけAIやRPAといった技術が進歩しても、全ての業種の全ての業務をカバーすることはできません。労働力の確保が難しくなっているのであれば、今後は今よりも一人一人の従業員が提供する付加価値を高め、従業員一人あたりの生産性（売上や利益）を向上させていく必要があります。

働き方改革

働く人々がそれぞれの事情に応じた多様な働き方を選択できる社会を実現するために、2019年より働き方改革関連法案が施行されました。

「労働時間法制の見直し」「雇用形態に関わらない公正な待遇の確保」という大きく2つの柱がありますが、これらは経営に大きなインパクトを与えていることが考えられます。

労働時間法制の見直しにおいては、その内容として以下の7つが挙げられています。

①残業時間の上限の規制
②勤務間インターバル制度の導入の促進
③1年あたり5日間の年次有給休暇の取得の義務化
④月60時間を超える残業に対する割増賃金率の引上げ
⑤労働時間の状況の客観的な把握の義務づけ
⑥フレックスタイム制度の拡充
⑦高度プロフェッショナル制度の新設

①残業時間の上限の規制、②勤務間インターバル制度の導入の促進、③1年あたり5日間の年次有給休暇の取得の義務化の3つに関しては、従業員の労働時間の短縮や見直しを迫られることになるでしょう。

④月60時間を超える残業に対する割増賃金率の引上げによって、人件費が増えることになります。

⑤労働時間の状況の客観的な把握の義務づけによってタスクが増える企業も多いのではないでしょうか。

また、もう一つの大きな柱である雇用形態に関わらない公正な待遇の確保、いわゆる同一労働同一賃金も人件費の増加に繋がります。

これらを単に企業に対する枷《かせ》だと考えるのではなく、非効率な業務の効率化を図ることや、⑥フレックスタイム制度の拡充と⑦高度プロフェッショナル制度の新設を活用して柔軟な体制を構築することで、今後の成長のきっかけにする必要があります。

今後、働き方改革にうまく対応する企業と対応できない企業とに分かれていくことが予想されます。働き方改革を実現できると有利になるということではなく、実現しない企業は生き残っていけないと考えるべきかもしれません。

このように、今までと同じやり方では売上や利益が低下してしまうことになります。**環境が変わっている中で、今まで通りのやり方を続けていくためにはどうしたらよいかということではなく、環境が変わっている中で、今まで以上に効率的に成果を出すためにはどう変わっていく必要があるか**ということが求められます。

実際に2020年のコロナ禍への対策で、テレワークを導入した企業もたくさんあったのではないでしょうか。このように、積極的に新しい環境に対応できるように、企業の体制やルール、経営者や従業員の方々の意識の変化が必要になります。

変化といっても、いわゆるマイナーチェンジではなく、付加価値の創出や付加価値の提供を行うための企業運営に関わるあらゆる事柄について、ドラスティックな変更が必要になってくると予想されます。

例えるなら、家から電車に乗るために歩いて駅に向かうのに、このままでは遅れそうなので早めに歩くというようなレベルの変更ではなく、駅まで自転車で行く、駅までタクシーで行く、そもそも電車に乗らないで目的地まで車で行くといった、やり方そのものを大きく見直すような改革の必要性も高まるのではないでしょうか。

海外生産の増加

１９８５年のプラザ合意以降、我が国の製造業は大手メーカーを中心に、中国や東南アジアを中心とした海外への生産拠点の移転が進みました。原材料を現地で入手し、現地の労働力を活用して安価に生産した大量の商品を、経済発展している発展途上国を中心に販売するというのが主な理由です。

近年、大手メーカーを中心に、生産拠点の国内への回帰の動きが広まっています。この動き自体は良いことなのですが、コストダウンのために海外で製造していたわけですから、国内の企業に高額で発注するということにはなりません。つまり、国内製造業の仕事は増えるとしても、それほど利益が大きい案件が増えるわけではないと考えられます。

製造業を例に説明しましたが、人件費の安い国での開発は製造業に限った話ではありません。システム開発やソフトウェア開発であれば、インターネットを利用すれば世界中のどこからでも納品が可能ですので、現在は中国、ベトナム、インド、フィリピンがオフショア開発先として人気です。オフショア先の国に変化はあるかもしれませんが、オフショア開発そのものは今後ますます増加するでしょう。

同一の発注元との取引期間が長くなるほど、発注元の要求は厳しくなるのが普通です。受注を繰り返す度にコスト要求や納期の要求が厳しくなっていったご経験をお持ちの経営者様も多いのではないでしょうか。

厳しくなる要求に対応しようにもＱＣＤ（品質・コスト・納期）はトレードオフの関係にあります。品質を高めるためには納期が長くなり、コストも高くなります。低コストで提供をしようと思ったら、品質や納期が犠牲になります。また、納期を早めようと思ったら、品質を抑えざるを得ない、あるいは早出・残業によってコストが増えるといったことが考えられます。

それらは現場の改善で対応しようとしても無理があります。

ただでさえ人件費の安い海外企業への発注が増えているのに、国内では条件の悪い薄利の案件ばかり。これは生産効率の改善だけで解決できることではありません。そもそものビジネスモデルから大きく見直す必要があります。

テクノロジーの発展

有史以来、様々な技術は絶えず発展・進化しています。現在注目されているものとしては、主にAI、RPA、IoT、ロボット技術といったような情報技術が挙げられるのではないでしょうか。

2011年、製造業において現在よりも一段と高度化したエコシステムの構築を目指すコンセプトとして、ドイツで「Industrie 4.0（インダストリー4・0）」が発表されたことを皮切りに、フランスでは「Industrie du Futur（産業の未来）」、アメリカでは「Smart Manufacturing（スマートマニュファクチャリング）」、中国では「中国製造2025」、そして我が国では2017年に「Connected Industries（コネクテッドインダストリーズ）」が提唱されました。[2]

2 https://www.meti.go.jp/policy/mono_info_service/connected_industries/index.html

それぞれによって違いはあるものの、ＡＩやＩｏＴといったテクノロジーを取り入れていくことは共通の事項だといえるでしょう。この世界的な流れは、我が国の企業においても、企業の規模を問わず、直接的、間接的に影響を受けることが予想されます。

さて、テクノロジーの発展によって、今までできなかったことができるようになる、処理のスピードがアップする、精度が高まる、コストダウンするといった様々な恩恵を得ることになります。その結果、新しい商品・サービスが生まれる（同時に、なくなる商品・サービスが出てくる）、新しい業務が生まれる（同時に、なくなる、あるいは人間が行わなくなる業務が出てくる）ということが繰り返されてきました。

例えば、自動車の登場によって、それまで移動の手段として主流だった馬車が廃れてしまいました。必然的に馬車の製造業者や御者のような馬車に関連した事業者や職業はなくなってしまいました。しかし、新たに自動車整備工や運転手といった、自動車に関連する事業者や職業が登場します。このように、テクノロジーの発展は市場や需要に大きな影響を与える可能性があります。

では、テクノロジーの発展は、中小企業の経営に対して具体的にどのような影響を与えるのかを少し考えてみましょう。

まず、テクノロジーの発展により、業務のツールが効率的な新しいものに置き換わるということが考えられます。パソコンの普及によって、原稿を書くにあたって原稿用紙に手書きするのではなく、文章作成ソフトを使用するようになりました。グラフィックデザインもＤＴＰ用のソフトを使用し、現在は烏口やディバイダーを使用している人は皆無でしょう。製図をするにあたってもドラフターではなくＣＡＤが主流です。パソコンと専用のソフトを使用することで、手書きよりもコピーや改変、作業のやり直しなどが、それ以前と比べて容易になりました。つまり、パソコンを使用することで作業効率が飛躍的に高まりました。

また、テクノロジーの発展により、様々な作業が自動化されます。かつて証券取引所では、場立《ばたち》人が手サインで取引を行っていました。平成11年（１９９９年）に株式売買が完全に自動化されたことで手サインが不要になり、場立人という職業はなくなりました。

同様に、人間が行っていた作業が自動化されることで、一度で処理できる数が増えます。かつて駅の係員が処理していた改札は自動改札となり、高速道路の料金所ではＥＴＣによって自動化されたことで、人や車の流れがスムーズになりました。

テクノロジーの発展により、従業員に求められる能力も変わります。必然的に、採用すべき人材や従業員教育も変わります。例えば、株式会社野村総合研究所の「ＩＣＴの進化が雇用と働き方に及ぼす影響に関する調査研究報告書（平成28年３月）」[3]によると、ＡＩの活用が一般化する時代において重要な能力として有識者が挙げたものの上位３つは「チャレンジ精神や主体性、行動力、洞察力などの人間的資質」「企画発想力や創造性」「コミュニケーション能力やコーチングなどの対人関係能力」となっています。

ＡＩの普及・発展によって、ＡＩやロボットよりも人間の方が高いパフォーマンスを発揮するクリエイティブな仕事、高度なコミュニケーション能力や対人スキルが必要な仕事の重要性が高まることが予想されます。今後は、資料整理、文字入力、機械類の操作といった定型作業に近いものに関しては、正確で処理のスピードが速いＡＩが行うようになり、人間はクリエイティブな能力、コミュニケーションスキルを生かした付加価値の創出・提供を行うといった役割分担がなされていくことが考えられます。

したがって、人間が定型作業の代行を行う職種の需要は、今後のＡＩの普及・発展に伴って、単価が安くなり、いずれ縮小することは間違いないでしょう。

テクノロジーの発展は、作業効率の向上や自動化をもたらし、それによって生産性が向上し

3　https://www.soumu.go.jp/johotsusintokei/linkdata/h28_03_houkoku.pdf

ます。

テクノロジーの発展によって事務作業や定型作業に必要な労働力が削減される分、より高度で付加価値の高い業務にヒューマンリソースを割くことができるようになります。今後の中小企業は、いかにして効率良く生産するかということや、効率良くサービスを提供していくかというオペレーションの改善よりも、どのようにクリエイティブ性を発揮するか、どのように買い手に対するホスピタリティを高めるかといった、今までとは異なる付加価値を創出し、提供することの重要性が高まるでしょう。

事例（スイスの時計産業の事例）

我が国の中小企業を取り巻く環境について、湿っぽい話ばかりでは読んでいて面白くないと思いますので、今後の我が国の中小企業のあり方について、ヒントになる事例をご紹介いたします。

海外の低価格で高性能な商品に対して、価値のパラダイムシフトを起こし、見事復興を果たしたスイスの時計産業の事例です。

クオーツショック

１９６９年12月、時計メーカーのＳＥＩＫＯは、他国のメーカーに先駆けて、世界初のクオーツ式ムーブメントの腕時計「アストロン」を発売しました。クオーツ式のムーブメントはそれまでの機械式のムーブメントと比較して、電池を必要とするものの、一般の機械式腕時計であれば高性能なものでも日差が数秒から数十秒だった時代において、日差は±０・２秒、月差は±５秒という圧倒的に高精度なものでした。

ＳＥＩＫＯはクオーツの技術を秘匿せず、特許技術を公開したことで、多くの企業がクオーツ式のムーブメントを製造するようになります。

１９７３年、機械式の部品を一切持たないクオーツ式のデジタル腕時計を世界で初めて開発・販売しました。その結果、新たな需要の喚起、アジア・中南米などの新市場の開拓、さらに腕時計産業に他業種からの参入をもたらしました。

１９７０年代末から１９８０年代初めころには、時計ムーブメントの他社への外販を始めました。香港・台湾・中国で時計部品の製造を開始するようになったことで、量産化によるコストダウンが急速に進みました。その結果、正確な上に安価なクオーツ式ムーブメントが市場を席巻します。

クオーツ化への対応と時計の量産化が遅れたスイスやアメリカの時計メーカーは大打撃を受けます。スイスでは多くの時計メーカーが廃業に追い込まれ、アメリカの時計メーカーはほぼ壊滅するほどの衝撃だったため、「クオーツショック」と呼ばれることになります。

さらに、当時のスイスではオイルショックや人件費の高騰による製造コストの高騰が追い打ちをかけることになります。日本のメーカーが合理的な量産による生産システムと集中したマーケティング戦略によって市場を拡大してきたことと、ドルに対して円相場は安定していたものの、スイスフランが高騰していたことが、スイスの時計産業にとって痛手になりました。

スイスの時計の輸出は、1980年代前半には過去最高だった1974年の半分まで減ってしまいました。1970年に1600社以上あったスイスの時計関連企業は1980年代中ごろには600社を割り込み、それに伴って時計産業の就業者数も1970年の約9万人から1984年には約3万3千人にまで激減したといわれています。

スイスの時計産業の対策

スイスの時計産業は、クオーツ式ムーブメントによる逆境に対応するために、組織再編を行います。オメガやティソを中心としたSSIH（Société Suisse pour l'Industrie Horlogére）

とロンジンを中心としたＡＳＵＡＧ（Allgemeine Schweizerische Uhrenindustrie AG）が合併し、１９８３年にＳＭＨ（Société de Microélectronique et d'Horlogerie）という新たな組織（後のスウォッチグループ）を設立します。新たな組織は新たな戦略で復興を目指します。それが皆さんもご存知のスウォッチです。

スウォッチの戦略とは時刻を知るためのものであった腕時計のポジションを、ＴＰＯに合わせて着替えるファッションアイテムに位置づけを変えるというものでした。期間限定販売やアーティストコレクションの限定モデルを50フランの統一価格で販売したことも相まって、世界的に大ヒットしました。

その後、機械式ムーブメントの時計を、今までのように時刻を知る道具としての正確性（機能的価値）ではなく、それぞれのブランドが持つ歴史と伝統、職人による技術、機械式ムーブメントならではの精緻で複雑な構造を持つ高級な装飾品と位置づけ、そういった時計を持つというステータス性を訴求することで、付加価値の高い高価格商品としてのポジションとブランドイメージを確立しました。

また、１９８５年のプラザ合意以降、急激に円高ドル安が進んだことで日本のメーカーが価格的競争優位性を失っていった一方、スイスフランの好転がスイスの時計産業の復興の後押しにもなりました。それらの結果、世界的に高付加価値の機械式ムーブメントのスイス時計の輸出総額は1991年から2011年までの20年間で約4倍にも拡大しました。

こうして、スイスの時計産業はクオーツショックによる壊滅的なダメージから回復し、現在では世界の時計メーカーの売上ランキングの上位をスイスの時計メーカーで占めるまでになりました。

スイスの時計産業復興の要因

スイスの時計産業は、クオーツ式ムーブメントという安価で性能の高いムーブメントを実装した競合の商品に対して、機械式ムーブメントの性能をクオーツ式ムーブメントまで高めて対抗しようとはしませんでした。また、ムーブメントをクオーツ式に切り替えることで、先行している他国のクオーツ式ムーブメントの商品と同じ土俵に立って競争をしようともしませんでした。つまり、時刻の正確性という機能的価値に対して、何らかの方法で機能的価値を高めて対抗するということをせず、情緒的価値を高めることで違う土俵に立ったことが復興の要因といえます。

対策として行ったのは、ブランドのリポジショニングだけではありません。部品点数を減らして生産システムを合理化するために、それぞれのブランドが独自に行っていたムーブメントの製造や組立の一本化といった大量生産・コストダウンのための生産面の改善、複数のグループを再編したことによる組織や人員の再編成なども行っています。

しかし、オペレーションの改善は適切な戦略があってのことです。もし、クオーツ式ムーブメントに対して、機能的価値で対抗しようとしたら、仮に生産効率が良くなったとしても、不利な状況をひっくり返すだけの決め手がない状態であることに変わりはないままだったでしょう。安価で高性能な競合に対し、競合とは異なるポジションを作り出し、競争そのものをしなかったためにスイスの時計産業は、見事に壊滅状態から復興を遂げました。

これは、我が国の中小企業が置かれている環境の諸所の問題への対策のヒントにならないでしょうか。

機能的価値で競争を行う危険性

ご存じの通り、我が国はMade in Japanという高品質なブランドイメージを得ている技術立国です。企業同士がたゆまぬ努力を重ねて自社商品の性能面を高め、機能を増やすことによって、市場に流通する商品の品質を高めています。買い手はその恩恵を受けているわけですから、競合と性能面で競争を行うことは決して否定されるものではありません。

しかし、性能の向上、機能の追加といった機能的価値の向上だけをやっていれば、それだけでよいというわけではありません。むしろ、機能的価値の向上で競合と競争をすることは、企業の経営において非常にマイナスが大きいというのも事実です。

機能的価値で競争を行うと、コモディティ化してしまい、その結果として価格競争に陥ってしまうだけでなく、宣伝広告や販促費の増加による利益の低下を招くことになります。機能的価値での競争の結果、市場のニーズと乖離した過剰なスペックの商品になってしまい、市場シェアを失う危険性もあります。

なぜ機能的価値を高める競争を行うと、こういった状況を引き起こすのか詳しく説明いたします。

コモディティ化

技術というものは、リリース時には最新のものだったとしても、時間の経過とともに陳腐化することは避けられません。よほど模倣することが難しい技術でない限り、いずれ競合に模倣されてしまいます。

自社商品を性能に勝るA社商品と同等以上のスペックに改善、自社商品にはない機能を備えているB社商品と同じ機能を追加、このようにお互いが競合商品に劣っている部分を補完することで性能を高めようとすると、競合の商品と性能や機能が均質化、つまりコモディティ化してしまいます。

コモディティ化した商品として典型的なものにWindowsパソコンが挙げられます。パソコンのマザーボード、CPU、メモリ、グラフィックボード、液晶などの主要部品は基本的にそれぞれの部品メーカーから調達し、メーカーは部品を組み立てて販売をしています。いずれのメーカーも競合と同じ部品を使うことが可能ですので、どのメーカーの商品も類似した性能のものばかりになっています。機能的価値では差をつけられないため、どこで差をつけるかというと、価格、宣伝広告、アフターサポートといった機能的価値以外のもので競合と差をつけることになります。「売上−費用=利益」ですから、安い価格で販売を行うことによって売上が低下し、宣伝広告費が増加することで費用が増加してしまいます。つまり、利益が低下してしまうということになります。

さらに、コモディティ化した市場であったとしても、売上や利益が期待できる市場であれば新規参入者は現れます。当然のことながら、新規参入者が多いほど競争が激しくなります。特に新規参入者は既存の事業者よりも価格を下げて参入する傾向にないでしょうか。それが戦略的に正しいかどうかはともかく、現実としてよく見かける光景だと思われます。そして低価格で提供できる仕組みを作った企業が市場を席巻することになります。かつて国内で約8割のシエアを占めていたNECが、ビジネス需要においても個人需要においてもDELLやHPといった海外のBTO（受注生産）メーカーに国内パソコン市場を奪われてしまったことはご存知のことではないでしょうか。

価格競争は経営資源が豊富な規模の大きな企業が圧倒的に有利です。理由は、大量に仕入れを行うことで部材1単位あたりの購入コストを下げ、さらにスケールメリットを生かして大量に生産することで、規模の小さな企業よりも同等の商品をより低い製造コストで生産することが可能となります。それによって、同じ価格で販売しても販売単位あたりの利益が大きくなります。別の理由としては、営業活動、広告宣伝および販売促進に投入できる人材や資金にも小さな企業に対して優位性があります。経営資源の豊富な規模の大きな企業はますます有利に、経営資源の乏しい小さな企業はますます不利に、相対的な優位性はどんどん広くなってしまうといった具合です。

つまり、機能的価値のみを高めることで競合に勝とうとすると、商品やサービスがコモディティ化してしまいます。コモディティ化した市場は、価格競争や販管費の増加による利益の低下という危険性を孕《はら》んでいます。また、規模の大きな企業の方が有利な市場であるといえるため、中小企業にとっては避けるべき環境です。

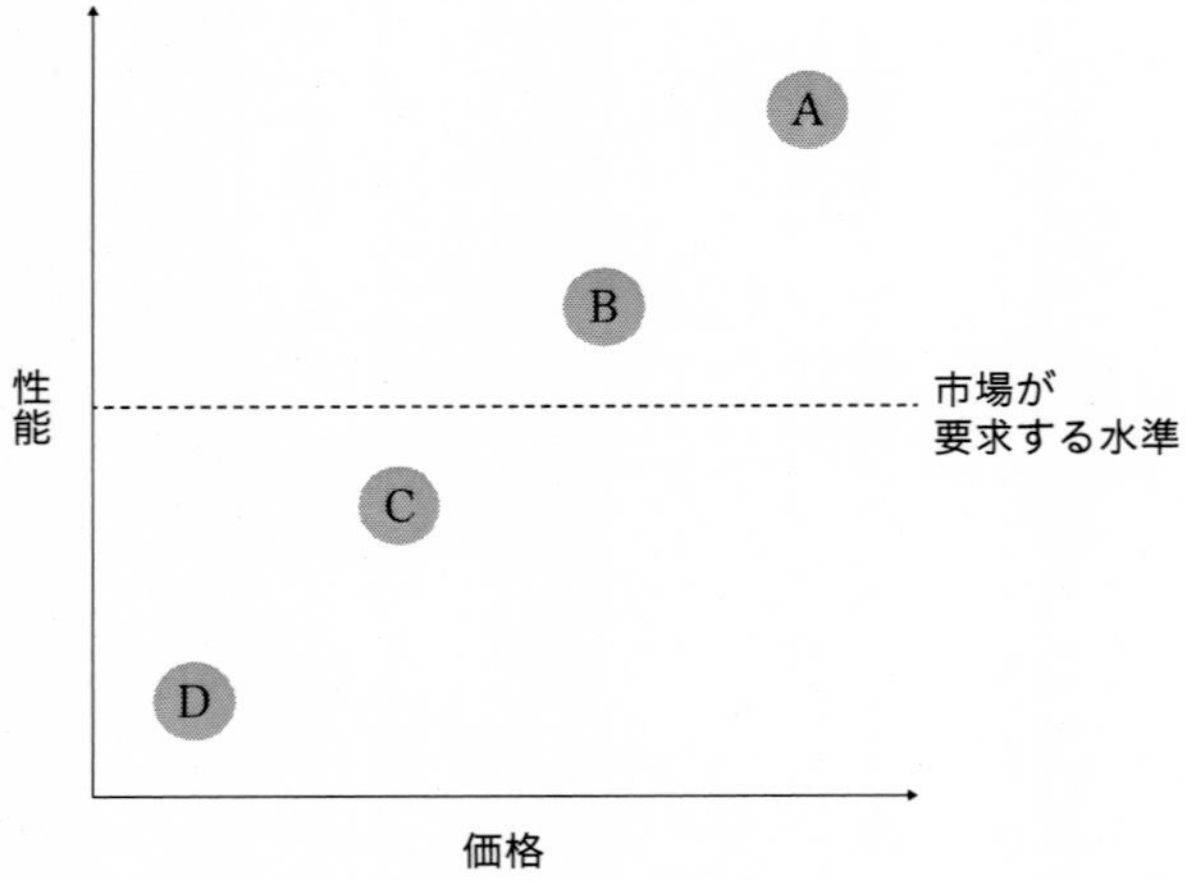

「性能と価格の関係」
出典：筆者作成

ニーズとの乖離

自社の提供する機能的価値と競合の提供する機能的価値との間に大きな差があるため、コモディティ化に巻き込まれない場合は安全かというと、決して安全であるともいい切れません。

開発にかかるコストや製造にかかるコストを価格に反映させるため、一般的に高性能の商品は高価になります。それに対して性能の低い商品は安価になります。つまり、一般的に性能と価格は正比例の関係にあるといえるでしょう。

さて、買い手は常に無制限に高い機能的価値を求めているわけではありません。機能的価値が自身の要求している水準を超えていればそれでよく、その中で一番安価なものを選択するのが合理的な判断です。

右ページの図でいえば、買い手の要求している性能の水準を上回っているのは商品Aおよび商品Bの2つです。どちらも要求水準を上回っているということは、商品Aは商品Bよりも機能的価値が高いということに対するアドバンテージは意味を持たなくなります。つまり、買い手にとって商品Aと商品Bのどちらを買ってもよいということです。

このような場合は、買い手は価格の安い商品Bを選択することになります。機能的価値の点で商品Aと商品Bのどちらも差がないのであれば、価格の差によって判断することが費用対効果の点で合理的だからです。

業務用のパソコンで考えてみてください。10万円の平均的なスペックのパソコンで日常業務を行うのに特に支障がなければ、よりハイスペックな20万円のパソコンをあえて買おうとは思わないはずです。右ページの図に当てはめると平均的なスペックで10万円のパソコンが商品Bに該当し、ハイスペックな20万円のパソコンが商品Aに該当します。

このように、買い手から見て不必要に機能的価値の高い商品は、ニーズとは乖離してしまい、かえって買い手に選ばれないということになりかねません。

今後の中小企業の目指すべき姿

機能的価値の向上が必要であることは間違いはありません。しかし、我が国の中小企業を取り巻く環境を鑑みると、今後は機能的価値の向上だけではなく、それ以外の価値を付与することで提供する付加価値の向上を目指す必要があります。では、機能的な価値以外の価値とはどういったものでしょうか。

機能的価値以外の価値

マーケティングの大家として著名なフィリップ・コトラーは製品中心のマーケティングをマーケティング1・0と定義し、価値提案は機能的価値だと述べています。マーケティング2・0は消費者志向だとして、価値提案は機能的価値に加えて感情的価値だと定義しました。マーケティング3・0は、消費者のグローバル化した世界をより良い場所にしたいという思いから、選択する製品やサービスに対し、機能的・感情的充足だけではなく、精神の充足を求めていると述べています（Kotler, 2010）。

また、ブランディングの大家として著名なデービッド・アーカーは、製品・サービスより得られる便益を機能的便益、情緒的便益、自己表現便益、社会的便益だと述べており、それぞれ次のように定義しています（Arker, 2014)。

●機能的便益……商品・サービスの機能や性能によってもたらされるもの。
●情緒的便益……商品・サービスの購入プロセスや使用経験において何かを感じさせること。
●自己表現便益…商品・サービスの購入または使用時に自分自身もしくは理想的な自己イメージを表現すること。
●社会的便益……社会的集団に所属する、あるいはそのイメージを持つこと。

フィリップ・コトラーが述べている**感情的価値**と**精神の充足**、デービッド・アーカーが述べている**情緒的便益**、**自己表現便益**、**社会的便益**といったものが機能的価値以外の価値に該当します。本書ではこれら機能的価値以外のもの全てをまとめて「情緒的価値」と定義させていただきます。

腕時計を例にして説明いたします。腕時計にとっての機能的価値は第一に時刻の正確性が挙げられます。曜日と日付が分かることも機能的価値に含まれます。その他、タイマー機能やストップウォッチ機能といった時間を知ることに関する機能も含まれると考えてよいでしょう。

時刻の正確性において、機械式ムーブメントはクオーツ式ムーブメントには敵いません。また、毎日数秒から数十秒のずれが発生するため、定期的に時刻を合わせる必要があります。さらに数日使用しなければ止まってしまうため、その都度時刻や日付を合わせる必要があります。電波時計なら自動的に時刻合わせを行うため、クオーツ式ムーブメントよりもさらに正確です。つまり時刻を知るという機能的価値が機械式ムーブメントやクオーツ式ムーブメントよりもさらに高いことになります。しかし、ご存じの通り腕時計の機能的価値と価格は比例していません。

３大時計メーカーといえば、パテック・フィリップ、オーデマ ピゲ、ヴァシュロン・コンスタンタンですが、それらは機械式ムーブメントを採用しています（一部クオーツ式ムーブメントのものもあります）。これらのメーカーの商品は、家が買えるような価格のものがいくつもあります。その価格は機能的価値が高いことに加えて、メーカーとしての伝統や歴史、工芸品としての美しさ、永久保証という安心感といったことなどが含まれています。

メーカーの伝統と歴史に対して価値を感じているというのはまさにフィリップ・コトラーの定義する感情的価値、デービッド・アーカーの定義する自己表現便益に該当します。高級な腕時計を所有すること自体が自己表現便益、社会的便益にも該当するといえるでしょう。これらは情緒的価値に該当します。

「消費者向けの商品なら情緒的価値を付与することもできるかもしれないけれど、機械の部材や資材といった事業者向けの商品はそんな余地はあるのだろうか」「うちはサービス業だが、何かできることはあるだろうか」、こういった疑問を感じられた方もおられるはずです。業種・業態によって大小の違いはありますが、事業者向けでもサービス財でも情緒的価値を付与することは可能です。

A社とB社から見積もりを取った結果、どちらの条件にも差がありません。A社は売上の一部を海洋資源の保護団体に寄付していますが、B社は特に何もしていないということであれば、どちらを選択したくなるでしょうか？　間接的に海洋資源の保護に協力することになるということでA社を選ぶということであれば、社会的便益に貢献しているという感情的価値を満たしているといえるでしょう。

買い手に価値を正しく伝える

良いものさえ作っていればいつか分かってもらえるという考えは、製造現場の担当者ならよいかもしれませんが、経営者でこのような考え方だというのは困りものです。生み出した付加

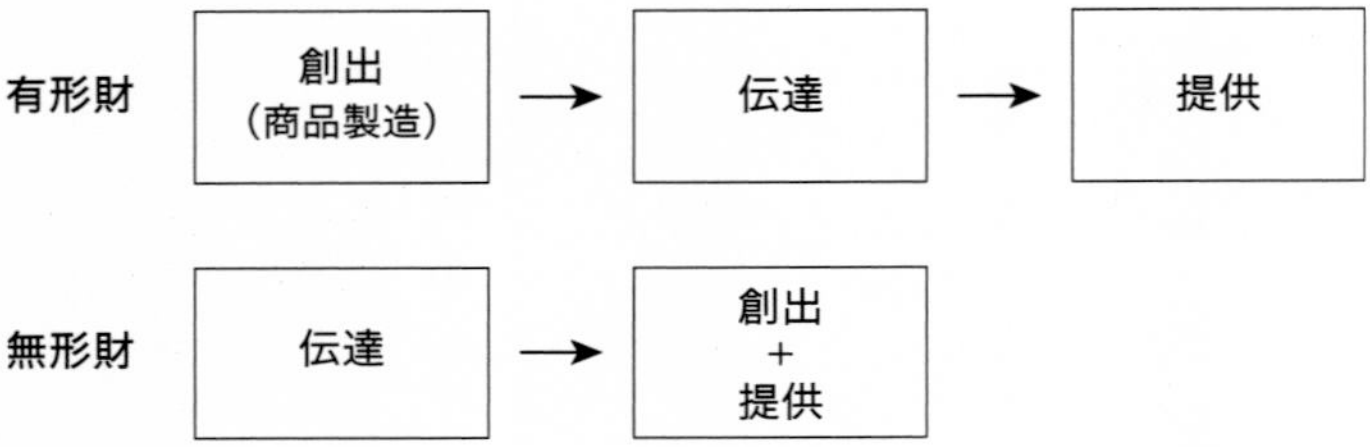

価値を提供して、買い手から対価をいただくまでがビジネスであり、買っていただくためには買い手に対して提供する付加価値をちゃんと伝えて理解していただく必要があります。

提供するものが有形財（商品）であれば、まず付加価値を提供するための商品を製造し、買い手にどのような付加価値を提供するものなのかを伝え、購入してもらうという流れが一般的です。それに対して、提供しているものが無形財（サービス）であれば、商品と違って付加価値の提供と消費が同時に行われます。先に買い手に付加価値を伝え、受注した後に付加価値の提供が行われるというフローが一般的です。有形財でも受注生産の場合は無形財のように、先に付加価値を伝えることになります。

提供しているものが有形財であったとしても、無形財であったとしても、買い手に対して提供する付加価値をきちんと伝える必要があります。それは機能的価値と情緒的価値の両方についていえることです。

提供する付加価値を買い手に伝えるために、様々な手段があります。一般的にはプロモーションによって付加価値を伝えることが考えられますが、多くのプロモーションにおいては、Webサイト、パンフレット、展示会といった視覚化された形で付加価値を伝えます。自社の価値、自社商品やサービスの価値は視覚に対して訴求することが効果的だからです。

なぜ視覚に訴求することが効果的なのかというと、人間は、光、音、匂いなど、外界からの様々な刺激を五感で知覚しますが、そのうちの大部分（数字には諸説ありますが、実に8割以上を占めているといわれています）を視覚から得ているからです。

機能的価値であれ情緒的価値であれ、自社の提供する価値を買い手の視覚に対して効率的、効果的にアピールするためには、デザインを適切かつ効果的に活用することが重要になります。

第1章まとめ

- 我が国の中小企業を取り巻く環境は、中小企業にとって脅威になりかねないものがいくつもあることが考えられる。
- そのため、このまま何もしなければ企業の維持・存続も難しくなることが見込まれる。
- 今後は、かつてのスイスの時計産業が復興した時のように、パラダイムシフトが必要になる。
- 機能的価値を高めるだけでは利益率の低下に陥るため、機能的価値に加えて情緒的価値が重要になる。
- どのような価値であっても、伝えたい相手に正しく伝える必要があり、その手段としてデザインが重要である。

Coffee break

頭の体操がてら、お時間のある時に次の質問について考えてみてください。考えられる影響は悪い影響だけでなく、良い影響も考えていただくと、思わぬビジネスチャンスが見つかるかもしれません。

Q1／我が国の人口減少や少子高齢化は、貴社にとって今後どういった影響が考えられるでしょうか？

Q2／貴社と取引のある業界にとってどのような影響が考えられるでしょうか？

Q3／インバウンドとアウトバウンド需要の増加は貴社にとって今後どういった影響が考えられるでしょうか？

Q4／貴社と取引のある業界にとってどのような影響が考えられるでしょうか？

Q5／機能的価値と価格が比例していないものとして、腕時計以外にどのようなものが考えられるでしょうか？

第2章

デザインとは

デザインとは問題解決の手段である

商業デザインの世界では「デザインとは問題解決の手段である」と一般的にいわれています。問題というと、起こってほしくない何か困ったことをイメージされる方もいらっしゃるかもしれません。問題とは、**現状とありたい姿との間のギャップ**のことを指します。

例えば、従業員数は10人が理想であるにもかかわらず9人しかいない企業であれば、問題とは理想よりも従業員が1人少ないことです。ちなみに、問題と類似する言葉に課題がありますが、課題はギャップを埋めることを指します。先ほどの例でいうと、従業員を10人にするためにあと1人採用することが課題になります。

話をデザインに戻します。人工物であればその種類を問わず、大なり小なりデザインが施されています。そして、形状や模様、色彩、それらの組み合わせは何らかの意図を持って施されています。

例を挙げて説明いたしますので、スーパーマーケットやコンビニエンスストアで販売されているカップラーメンをイメージしてください。店舗で販売されている消費者向け商品のパッケージには、運搬や中身の保護という目的の他に、「競合の商品との区別」「買い手への訴求」という、2つの大きな役割があります。

もし、店舗で陳列されている際に競合商品の中に埋もれてしまっていて、買い手がどこのメーカーのものであるかを気にせず購入しているということであれば、パッケージによって競合商品との区別がついていないことが問題となります。買い手には自社の商品だと認識した上で購入してほしいわけですから、その際にデザインに求められる役割は、一瞥しただけで自社の商品と競合の商品との違いが分かるようにすることです。

現状→買い手がどこのメーカーのものであるかを気にせず購入している。
ありたい姿→買い手が自社の商品と競合の商品の区別をした上で購入する。
問題（ギャップ）→買い手にとって、自社商品と競合商品との区別がついていないこと。
デザインの役割→一瞥しただけで自社の商品と競合の商品との違いが分かるようにすること。

買い手には競合の商品ではなく、自社の商品を選択してもらいたいのはいうまでもありません。買い手に競合の商品よりも興味を持ってもらうこと、その上で買いたいと思ってもらうこと、さらに実際に買ってもらうことがデザインに求められる役割になります。

現　状→買い手が競合の商品を選択している。

ありたい姿→買い手が自社の商品を選択する。

問題（ギャップ）→買い手に自社の商品が選ばれていないこと。

デザインの役割→
・買い手に競合の商品よりも興味を持ってもらうこと。
・その上で買いたいと思ってもらうこと。
・実際に買ってもらうこと。

さて、デザインは感覚（センス）で制作するものであると思われている方も多いのではないでしょうか。実際はむしろ逆で、デザインは論理的思考に基づいて制作されます。「デザイン＝ロジック」だということは、デザイナーの方なら首肯していただけるかと思います。デザインとは、「誰に対して何を伝えるか」があった上で、それを実現するために、形状、模様、色彩をそれぞれ組み合わせて配置を行います。

確かに、最終的には人間の感覚による判断があることは否定できません。なんとなくバランスが悪い、配置が気持ち悪い、全体的に色が落ち着かないといった判断は感覚的なものですが、それはあくまでもロジックに基づいた設計があってのことで、形状、模様、色彩、それぞれの組み合わせを感覚（センス）で決めているわけではありません。

例えばＷｅｂサイトであれば、ＰＣで見るのか、スマートフォンで見るのか、タブレットで見るのかといったユーザーの環境や、ユーザーがどのような情報を求めているのか、またはユーザーにどのような情報を提供したいのか、サイト内でユーザーをどのように誘導したいのかといった情報の設計を行い、それらを効果的、効率的に提示できるように、形状、模様、色彩を、それぞれの配置をしていきます。

したがって、デザイナーはちゃんとデザインの制作意図を説明できます。できなければ、なんとなく作ったということになってしまいます。「なんとなく」では現状とありたい姿との間のギャップを埋めることができないというのは、ご納得いただけるのではないでしょうか。

また、デザインのように視覚に刺激を与えるために制作されるものとしてアート（芸術）があります。

辞書に記述されている内容を比較すると、概ねアートは「美の追求・表現」、デザインは「物品に応用するための装飾的な考案、工夫」といった意味で、何かしらの表現であることは共通しています。しかし、アートは主語が自分、つまり基本的に自己表現であり、美しさそのものを表現することが目的であるといえそうです。それに対して、デザインは目的を持って装飾を施すということであれば、主語は自分だけではなく他者も含んでいるという違いがあるといえるでしょう。

有名な絵の一つにエドヴァルド・ムンクの「叫び」があります。手前に描かれた人は自然の叫び声に対して耳をふさいでいるのですが、この人が叫んでいると誤解されている方が多いかもしれません。

その他、ピカソのようなキュビズム、ワシリー・カンディンスキーやジャクソン・ポロックを始めとする抽象表現主義の絵のような、一見しても意味が分からないもの、作られた背景や作者のことを知らないと理解ができないものも数多くあります。「何か分からないけど美しい」「理解はできないけどすごい」といったことは、アートなら許容されるのかもしれませんが、デザインとなるとそういうわけにはいきません。

例えば、駅の案内表記が「美しいけれど、書いてあることの意味は分かる人にしか分からない」ということであれば案内としての役割を果たせません。そうなると、迷った人がどう行けば目的地にたどり着くのか分からないという問題を解決できません。また、駅の係員に訪ねて案内してもらったとすると、駅の係員に手間がかかってしまうという問題も解決できません。

さて、デザインについてざっくり掴んでいただいたところで、デザインによって経営上の問題の解決ができるのはなぜかをお伝えします。

デザインの要素である形状、模様、色彩、およびそれらの組み合わせが持っている機能によって様々な効果を得られます。それらの効果をうまく使用することによって、企業の経営において**価値を創造する効果**と**価値を伝達する効果**という大きく２つの効果をもたらすからです。

それら２つの効果についてもう少し詳しく説明いたします。

デザインの持つ機能と効果

どんな道具でもうまく使える人、そうでない人がいるように、デザインを効果的に使用できている企業とそうでない企業が存在します。それは、デザインの重要性と、デザインの持つ機能と効果を経営者様自身が把握しているかどうかが重要です。

デザインのことはよく分からないし、デザイナーに任せっぱなしで我関せずといった経営者様も多いかもしれません。しかし、ご自身で手を動かして何かを作れということではありません。企業の経営において狙った効果を得るためには、デザイン（形状、模様、色彩、それらの組み合わせ）の持つ特徴と、それぞれがどのような機能を持っているか、それぞれの機能によってどのような効果が得られるのかという点は把握しておく必要があるでしょう。

それらについて説明を行いますが、もし可能であれば、ご自身の事業に当てはめながら考えてみてください。より理解が深まりますし、すぐに取り組めそうなことを考えつくかもしれません。

形状による機能と効果

形状の持つ機能は、商品の審美性を高めるだけではありません。形状の持つ機能の一つとして、商品の性能・機能に影響を与えるということが挙げられます。

例えば、バスやトラックのような進行方向に対して垂直に切り立った形状の自動車とスポーツカーのような流線形の自動車と比較すると、前者の方が正面より見た際の面積が大きくなります。当然ながら面積が大きい自動車の方が空気の抵抗が大きくなるため、前に進むためのエネルギー効率が悪くなり、より多くのエネルギーを必要とすることは容易に想像がつくでしょう。つまり、形状以外の条件が全く同じだったとしたら、垂直に切り立った形状の自動車よりも流線形の自動車の方が走行するスピードが速くなり、燃費の効率が良くなります。

他に形状の機能を活用している例として、トンネルが挙げられます。トンネルは円形になっていますが、それは円形が外側からの圧力に対して一番強いからです。トンネルは常に上や横からの土砂による圧力がかかっています。もし四角だった場合、辺（実際には面ですが）の真ん中あたりが弱くなります。そのため、天井は横からの圧力には強いものの、真ん中近辺が上からの圧力に弱くなってしまいます。側面は上からの圧力には強いものの、真ん中近辺は横からの圧力に弱くなってしまいます。円形の場合は、いかなる方向からの圧力に対しても一定の強度を持っています。

また、形状は商品の使いやすさを向上する機能があります。通常のガラス瓶は円筒形ですが、形状を変えたことで握力が弱い人でも開けやすくなったという事例があるのでご紹介いたします。[1]

芝浦工業大学の橋田規子教授は柏洋硝子（東京・港、七島徹社長）と共同で、高齢者や子どもでもふたを開けやすい新しい形状のガラス瓶を開発した。瓶の断面を平行四辺形に近い形にすることで、握ったときに力が入りやすくした。握力が弱い人でも開けやすい瓶として、ジャムやつくだ煮といった食品保存用に実用

1　日経産業新聞『芝浦工大、瓶のふた開けやすく、高齢者配慮、断面、平行四辺形に。』2014年6月4日 p.10

化を目指す。

（中略）

数種類の形状の瓶を試作して検証したところ、最も力が入りやすくて開けやすいのは平行四辺形だとわかった。

（日経産業新聞、２０１４）

記事では、今まで瓶を開けることができなかったために敬遠していた層の購買に繋げたいとあります。形状の機能によって使いやすさが向上するという効果が得られ、それによってターゲットユーザーの拡大という経営面での効果を得られたといえるでしょう。

また、形状によるメリットを得られるのは商品の使用者側だけではなく、生産者側も同様にメリットを享受することができます。

例えば、形状の工夫によってパーツ数を減らすことも可能です。パーツ数が減ることで使用する金型が減ります。また、パーツ数を減らすことができれば加工や組み立ての手間が削減できます。その結果、製造原価の削減や生産リードタイムの短縮に繋がります。

以上をまとめると、形状の持つ機能をうまく利用することによって得られる効果の例として、次のようなものが挙げられます。

■商品の性能・機能を向上させる
■使いやすさを向上させる
■生産効率を向上させる

模様による機能と効果

形状や色が同じであっても、施された模様によって見た目の印象が大きく変わります。例えば、ネクタイであれば、無地のネクタイと模様のついたネクタイで印象が異なります。また、ネクタイの模様もストライプ柄、ドット柄、小紋柄など、それぞれ印象が異なります。このように、模様によって印象を変えることができるといった効果があります。

また、写真、イラスト、文字も模様の一種として捉えることができます。これらは識別目的や注意書きなど、ターゲットに読ませる目的で使用されることもありますし、単に模様として使われるケースもあります。

写真、イラスト、文字は形や色彩よりも、メッセージをダイレクトに伝えやすいという特長を持ちます。例えば料理の本であれば、本の中で紹介されている料理の写真を表紙に使用するはずです。当然の話ですが、風景や動物の写真を表紙に使用するよりも、どういった情報を提供している本なのかがはっきりと伝わるからです。

本の表紙を見た時の買い手の感情の流れとしては、本の表紙を見る↓おいしそう↓食べたい↓作り方を知りたいとなり、実際の行動として、本を手に取る↓表紙の写真の料理のページを見る↓他の料理のページもいくつか見る、その上で欲しくなったら買うといった流れになると考えられます。もし、表紙の料理の写真で買い手に訴求できなければ手に取ってもらえないので、そもそも購入されなくなってしまいます。このことから分かるように、模様による効果として買い手への訴求力を高めるということが挙げられます。


模様が施されているのは何も商品だけではありません。レジ誘導シール、レジ案内シール、フロア誘導シール……様々な呼び名がありますが、店舗でレジを待つ顧客を誘導するための矢印や、どこで待てばよいかを示す足形のマークをご覧になったことはあるのではないでしょうか？　これは、レジでの順番待ちによるトラブルを防ぐ役割と、代金を払いたい顧客を誘導す

る役割があります。

並ぶ順番で顧客同士がトラブルになるとしたら、店が混雑している時でしょう。混雑している時は店員も忙しいわけですから、顧客のトラブルへの対応で余計な手間を取られたくないはずです。また、顧客同士のトラブルが発生すると、他の顧客も嫌な思いをする可能性があります。このように、床の模様によって、店舗側は余計な手間を取られずにすみますし、顧客側に対してもスムーズにレジを待つことができるというメリットを提供しています。

また、大型書店やホームセンターのような面積の大きな店舗には、店内のあちこちに案内の表記があります。これも顧客側と店舗側の両方にメリットがあります。

顧客側のメリットとしては、広い店内で目当ての商品がどこにあるのか探す手間が減るため、スムーズに買い物をすることができるようになることが挙げられます。店舗側のメリットとしては、顧客が自分で目当ての商品を見つけることができるようになり、顧客対応の手間が軽減されることが考えられます。その結果、顧客対応に必要な店員の数も削減することができるようになります。

以上をまとめると、模様の持つ機能をうまく利用することによって得られる効果の例として、次のようなものが挙げられます。

■買い手に対する訴求力を向上させる
■顧客の利便性が向上する
■店舗側の手間を削減する

色彩による機能と効果

色（色彩）は視覚を刺激し、見る人に様々な事柄をイメージさせます。色に対するイメージはポジティブなものとネガティブなものの両方があり、さらに国や文化圏によっても違いがあります。例えば、緑は自然を感じさせる色で、日本人であれば「安心」「安全」といったイメメージを抱く人が多いのではないでしょうか。しかし、西洋では毒や怪物を連想させる色でもあるそうです。

それぞれの色の持つイメージをうまく利用することで、訴求力を向上させることができます。逆にいえば、適切な色を使用しないと、買い手に対して望まないイメージを与えてしまう可能性もあり得ます。

例えば、病院は提供するサービスが病気やけがの治療ですから、安心感、清潔感、そして信頼感といったイメージを与える必要があるでしょう。したがって、病院のロゴや看板、建物の外壁は、白や簡素で落ち着いた色使いが多いのではないでしょうか。もし、看板がピンクや紫といった派手でけばけばしい色使いだったとしたら、安心感、清潔感、信頼感というよりも、怪しさ、いかがわしさといった、病院に求めるものとはかけ離れたイメージを見る人に与えてしまうでしょう。

物事の正確性を高め、判別や判断に必要な時間を短縮するために色彩を使用している例があります。セルフ式のガソリンスタンドの給油ノズルが油種ごとに色分けされていることはご存じの方も多いのではないでしょうか。給油間違いを防ぐためにレギュラーは赤、ハイオクが黄、軽油が緑だと法律で定められています。このおかげで「○色のノズルで給油してください」というアナウンスに従えば正しい油種の給油ができます。もし、色分けがされておらず、文字で書かれているだけだったらどうでしょうか？　文字を読まないといけないために時間も余計にかかってしまいます。しかも、ノズルの並び順はガソリンスタンドによってまちまちなので、間違える可能性がさらに高くなるのは容易に想像できます。

また、色は視覚以外の他の五感と共感覚的な関係があり、見る人に生理的な影響や心理的な影響を与えます。

色が人に与える生理的な影響の例としては、体感温度への影響があります。暖色のインテリアの部屋と寒色のインテリアの部屋を比較すると、体感温度に3℃ほどの違いが出るといわれています。

色が人に与える心理的な影響の例としては、時間が経過する感覚に影響を与えるというものがあります。暖色の部屋は実際の滞在時間より長く感じさせ、寒色の部屋は実際の滞在時間より短く感じさせます。このような時間の感覚を狂わせる効果を利用して、回転率を上げるために内装に暖色を使用している飲食店もあります。

色には様々な効果があることはお分かりいただけたかと思いますので、代表的な色ごとの特徴と様々な効果を、具体的な使用例をいくつか挙げつつ説明いたします。

赤

赤いものといえば炎や血、日本人にとっては太陽も赤いイメージです。そのことから強さや激しさを感じさせると考えられます。具体的には、情熱、活動的、興奮、喜び、愛情、強い、辛い、怒り、嫉妬、危険、といったことが一般的なイメージといえるでしょう。ＪＩＳ安全色では禁止、防火といった意味を持ち、「車両進入禁止」「通行止め」「一時停止」の道路標識のように、規制標識に使用されています。

視覚的に訴える力が最も強く、目立つ色なので、企業のロゴによく使用されている色です。看板にも使用されることが多く、バーゲンセールのチラシに赤を配色すると売上が上がるともいわれています。

また、ポジティブとネガティブ両面において非常に強いイメージを与える色なので、使いどころに注意する必要がある色だともいえます。名刺やＷｅｂサイトなどで使用する場合は、ワンポイントとして使用しないと、見た人に誤った印象を強く与える可能性があります。

オレンジ

柑橘系の果物を連想される方も多いかもしれません。赤と黄の中間色で、同じ暖色でも赤よりも柔らかいイメージになります。暖かい、明るい、活発的、楽しい、陽気、親しみやすい、おいしそう、カジュアル、安っぽい、低俗、といったことが一般的なイメージといえるでしょう。赤と黄色の良いイメージを持っており、使いやすい色といえます。親しみやすさ、楽しさというイメージから飲食店や一般消費者向けの商品・サービスの提供事業者のロゴによく使用されます。

しかし、親しみやすさが一般的、大衆的、さらには安っぽさにも繋がるため、高級感を持たせたい場合はオレンジの使用を避けた方がよいともいえます。高級ブランドの中でも例外的にエルメスはシンボルカラーにオレンジを採用しています。

黄

黄色のものといえば、タンポポやヒマワリの花、バナナやマンゴー、多くの柑橘類をイメージされる方が多いのではないでしょうか。明るい色のため、活発さや光のイメージを持っています。このことから、楽しさ、希望、幸福、喜び、躍動、お金、騒がしい、幼稚、注意、軽率、といったことが一般的なイメージといえるでしょう。ＪＩＳ安全色では注意という意味を持ち、黒と組み合わせて「落石のおそれあり」や「学校、幼稚園、保育所などあり」といった危険箇所の警告や注意を促す警戒標識、工事現場のバリケードやフェンスに使用されています。これは、黄色が他の色と比較して昼でも夜でも見えやすく、視認性に優れているという特性を持っているためです。

視認性に優れ、希望や喜びといったイメージから、カテゴリーを問わず様々な企業のロゴに使用されています。

黄そのものは目立つ色なのですが、赤ほどの強さはありません。そのため、比較的パッケージやＷｅｂサイトの背景といった広い面積でも使用しやすいといえます。

緑

草木の色であり、自然を感じさせる色です。緑は副交感神経に働きかけることでリラックスさせる効果があるといわれています。癒し、安心、成長、新鮮、若さ、健康、未熟、優柔不断、平凡、保守的、といったことが一般的なイメージといえるでしょう。ＪＩＳ安全色では安全、衛生、進行という意味を持ち、稼働中の機械類のパイロットランプは緑色であることが一般的です。

緑の持つ自然や健康のイメージから食料品、特に健康をイメージさせるものや、リラックスのイメージから緑色をイメージカラーとして採用している飲食店もあります。

緑は青と黄の中間色で、赤の補色（正反対の色）でもあり、他の色と組み合わせやすい色です。自然やリラックスを連想させたい企業はキーカラーとして緑を使いがちなので、他の色ともうまく組み合わせて競合とイメージを混同されないように注意する必要があるでしょう。

青

空や海の色ということで、誰もがいつも目にする色です。概ねどこの国でも好きな色に挙げられており、嫌う人の少ない色でもあります。また、副交感神経を刺激し、心身を落ち着かせる効果や集中力を助ける効果があるといわれています。知的、冷静、誠実、慎重、信頼、品がある、公平、冷たい、孤独、憂鬱、といったことが一般的なイメージといえるでしょう。ＪＩＳ安全色では指示という意味を持ち、指示標識や案内標識、規制標識に使用されています。

好感度が高く嫌う人が少ないこと、さらに色の持つイメージからロゴやコーポレートカラーとしてよく使用されています。

心身を落ち着かせる効果は冷静な判断力に繋がり、オフィスで仕事をするにはプラスの効果として働きますが、小売店においては購買にあたって冷静になってしまうため、使用には注意が必要です。また、食欲を減退させる色でもあるので、飲食店の場合は特に注意が必要です。

ビジネスでよく使用されるということは、競合も使用している可能性が高い色だといえます。使用に際しては競合と区別するような工夫が必要です。

紫

紫の染料が貴重であったこともあり、我が国では昔から高貴な色として認識されています。活発なイメージの赤と落ち着いたイメージの青の中間色ということもあって、両義的で他の色よりも曖昧なイメージを与える傾向にあるといえます。神秘的、女性的、優雅、上品、古風、妖艶、不安、下品、不気味、欲望、といったことが一般的なイメージといえるでしょう。

女性向けの高級な商品・サービスや、高級な和風のイメージで使用すると効果的だと考えられます。

ビジネスでは信頼感が求められますので、紫の持つイメージから他の色と比べて使いどころが難しいかもしれません。もし、効果的に使用できるのであれば企業のロゴやキーカラーとして使用してみると差別化を図ることができるのではないでしょうか。

ピンク

女性に好まれる色であり、また嫌いな色としても挙げられる色でもあります。愛情、優しさ、女性らしい、かわいい、甘い、健康的、幸福、わがまま、子供っぽい、いやらしい、といったことが一般的なイメージといえるでしょう。

医療介護や家庭向けサービスのような優しさや幸福感をイメージさせる事業で使用すると効果的だと考えられます。また、日本人にとっては桜のイメージも強いので、春のイメージとして使用することも多いのではないでしょうか。ピンクのイメージを考えると、固いイメージを与えたい場合は向いていないでしょう。

女性向けの商品・サービスによく使用されますが、競合との差別化という点を考えても、女性向け商品・サービスだからといって安易にキーカラーとしてピンクを使用するのは考えものかもしれません。キーカラーとしてピンクを使用するのであれば、競合と区別するような工夫を行う必要があるでしょう。

茶

土や樹木の幹の色、動物の毛や皮革の色であり、自然を感じさせる色だといえるでしょう。高級感を感じさせる色ですが、黒ほど強い色ではありませんので、高級であっても黒よりも敷居は低いと感じるのではないでしょうか。自然、安らぎ、安心感、伝統、重厚、堅実、素朴、地味、陰気、汚れ、といったことが一般的なイメージといえるでしょう。

自然や動物のイメージを与えたい企業や、チョコレートやコーヒーといった茶色の食べ物に関連する企業のキーカラーとしては相性が良いでしょう。やはり安価なものよりも高級志向の方がマッチすると考えられます。

茶色自体はあまり人気の色ではないようです。他の色と組み合わせやすい色ではあるので、茶色をメインに使用するだけではなく、競合と差別化をするために補助的に使用するといった使い方も考えられます。

白

全ての光を反射する一番明るい色です。色味がない無彩色でどのような色ともマッチします。清潔、純粋、神聖、善、高潔、平和、始まり、未来、無、死、といったことが一般的なイメージだといえるでしょう。膨張色なので、実際よりも大きく見えます。囲碁で使用する碁石は白と黒の2種類ですが、白い碁石の方が少し小さく作られています。同じ大きさだと膨張色である白の碁石の方が大きく見えてしまうからです。

基本的に好感度の高い色であり、黒ほどではないものの、高級感を感じさせる色でもあります。

企業のロゴとしても非常によく使用されます。ロゴとして使用する場合は白地に白文字では使用できないので、必ず他の色と組み合わせて使用しますが、組み合わせる色のイメージと白とのそれぞれの面積の割合でイメージが大きく変わります。

黒

白とは逆に全ての光を吸収してしまう一番暗い色です。黒は白と同じ無彩色で、他の色ともマッチしやすい色です。白とは反対で収縮色で後退色であるため、一緒に使用する色を際立たせる効果もあります。強さ、威厳、重厚、高級感、シック、不吉、絶望、悪、無、死、といったことが一般的なイメージといえるでしょう。

薄い色よりも濃い色の方がラグジュアリーなイメージが増します。そのため、高級ブランドは最も濃い色である黒をキーカラーにしていることが多いです。

高級な商品やアルコールを取り扱う飲食店のように、Ｗｅｂサイトのベースの色を黒にすることで効果的に見せることができる商品やサービスがあります。しかし、使い方を誤ると胡散臭さや、いかがわしいイメージを与えかねません。強い色ですから、使い方に注意する必要があります。

灰

白と黒との中間色で、白と黒と同様に無彩色のため、他の色ともマッチしやすい色です。しかし、灰色単体で見ると、好ましくないイメージを持っている人が多い色でもあります。落ち着き、穏やか、スマート、大人、クール、都会的、無機質、曖昧、不安、憂鬱、といったことが一般的なイメージといえるでしょう。

灰色は他の色よりも主張が弱いため、他の色のサポート的な使用に適しています。黒や白だと強すぎる場合、灰色を使用してコントラストを下げることで印象を和らげるといった使用の仕方もあります。

都会的や無機質といったイメージから飲食関連とは相性が悪いかもしれませんが、事業者向けの事業をされている企業のＷｅｂサイトでは、よく青系の色と組み合わされて使用されます。

それぞれの色によって与えるイメージが異なることはお分かりいただけたかと思います。色彩の持つ機能をうまく利用することによって得られる効果の例として、次のようなものが挙げられます。

■様々なイメージを見る側に与える

■人間の五感を刺激する
■作業の正確性や効率を高める

結合による機能と効果

実際は形状、模様、色彩を単独ではなく、それぞれ組み合わせて使用することがほとんどです。うまく組み合わせることでより効果が高まることはイメージいただけると思います。例えば、高級な商品であれば、商品の形状・模様・色彩のそれぞれを高級感が伝わるようなものにすることで価値がより伝わるでしょう。高級車と軽自動車を比較していただくと分かると思います。ボディーがパステルカラーの軽自動車は存在しますが、価格が一千万円を超えるような車でボディーがパステルカラーの車はありません。また、軽自動車と高級車とを比較すると軽自動車の方がより親しみやすい形状となっているはずです。

それとは逆に、組み合わせによるイメージに不一致があった場合、整合性が取れていた場合と比較して理解を困難にしたり、妨げたりする現象が起こることが心理学者のジョン・R・ストループによって報告されており、ストループ効果と呼ばれています（Stroop, 1935）。

下図をご覧ください。Ａは黒色で書かれた「黒」という文字と白色で書かれた「白」という文字、Ｂは白色で書かれた「黒」という文字と黒色で書かれた「白」となっています。Ａは文字の持つ意味とその色が一致していますが、Ｂは文字の持つ意味とその色がそれぞれ異なっています。ＡとＢを比較した時に、Ｂに違和感を覚えないでしょうか？　これは色から得られる情報と文字から得られる情報が干渉し合っていることが原因です。これがストループ効果です。

デザインの要素である形状・模様・色彩のうち、伝えたいイメージとずれたものがあると、買い手に誤ったイメージを与えてしまう、あるいは買い手が違和感を覚えて敬遠するといったことが考えられます。

価値の創造と価値の伝達

デザイン（形状、模様、色彩、それらの結合）によって様々な効果があり、うまく活用することで問題解決の手段になるということはご

納得いただけたのではないでしょうか。これらのデザインの効果を有効に活用することで、**価値の創造**と**価値の伝達**を行うことが可能です。

どのような事業者であっても、価値の創造と価値の伝達を行っています。製造業であれば、企画、調達、製造、流通、訴求、販売といった活動を日常的にされているでしょう。サービス業であれば、概ね企画、訴求、提供といった活動をされているはずです。これらの活動は、企画、製造に代表される価値を創造するフェイズと、訴求、販売、提供といった価値を伝達するフェイズに大きく分けられます。デザインはそのどちらにも大きな力となるといえます。それぞれを詳しく掘り下げて説明いたします。

価値の創造

デザインによって新たな機能を付与できる、あるいは効果を高めることができるということは、言い換えるとデザインは価値を新たに作ることができるということです。なお、既存の価値をさらに拡大することも価値創造に含まれるとお考えください。

商品・サービスの価値には大きく機能的価値と情緒的価値に分けられます。デザインはどちらの価値創造にも寄与します。

各メーカーがこぞって折りたたみ式のガラケーをリリースした時のことを覚えていらっしゃる方も多いのではないでしょうか。ヒンジがあって2つに折りたためるという形状にすることで、既存の携帯電話と比較して様々な価値が高まりました。

一つは、使用時に大きくなることです。それによって、耳とスピーカーとの距離、口とマイクとの距離が近くなりました。そうなると、聞こえやすさと声の拾いやすさの両方が高まります。携帯電話は技術の進歩で小さく、薄く、軽くなっていく傾向にありましたが、耳に当てた時に聞いている時は耳に近づけ、話すときは口に近づけということをやっていた方もいたのではないでしょうか。普段は小さいけれど、使う時だけ大きくなるというデザインにしたことで電話として使用するにあたっての機能的な価値を高めました。

さらに、開いた時の大きさが既存の携帯電話よりも大きくなるため、ディスプレイを大きくすることが可能になりました。この結果、一画面上に表示される情報量を既存の携帯電話よりも増やすことができるようになりました。電話そのものを大きくせずにディスプレイを大きくしようとすると、必然的にボタンの部分の面積を縮小するしかありません。そうなるとボタンを押しづらくなり、意図しないボタンを押してしまうなど、使い勝手が悪くなります。折りたたみ式のデザインになったことで、ユーザービリティの面での価値も向上しました。

また、折りたたんだ時にはボタン類が内側になりますので、カバンに入れている間の誤作動も起きにくいでしょう。これも価値の創造といえます。

携帯電話の携帯性を高めるには小さくする必要があります。しかし、小さくするほど使い勝手は悪くなってしまいかねません。通話時の使い勝手を優先させると携帯性が犠牲になります。電話の形状を変えたことで携帯性を担保したまま、機能的価値の向上を果たしました。

情緒的価値の例としては飲食店が挙げられます。いわゆるおしゃれな店、雰囲気の良い店と呼ばれるような店がそれです。内装で雰囲気を作り出し、顧客に対して高い満足度を提供しています。仮に提供する料理が他店と同じであったとしても、情緒的価値が高いことで買い手から選ばれる、より高い対価を支払ってもらえるという効果が期待できます。

価値の伝達

デザインによって、見る人に様々なイメージを与えることができるということは、買い手に価値の伝達をすることができるということだとご納得いただけるかと思います。

では、経営において価値を伝達するということとデザインの関係を掘り下げてみましょう。

事業者と社会・市場・買い手との接点の例

種類	代表的なもの
人的なもの	営業担当者、販売担当者、問い合わせ窓口の担当者
物的なもの	名刺、会社案内、カタログ、パンフレット、商品、店舗
その他、無形のもの	Web サイト、インターネット広告、TVCM、ラジオ CM

社会があり、その中に市場があります。市場の中にターゲットと想定している買い手と自社、さらに競合がいます。企業側はその活動の中で、常に社会・市場・買い手に対して様々なメッセージを発信しています。

例えば企業のブランドイメージを向上させるためにＣＳＲ活動に取り組んでいることをＴＶのＣＭで訴求するというのは社会に対するメッセージの発信です。業界紙に新商品の広告を掲載するというのは市場に対するメッセージの発信です。また、買い手の購買責任者と折衝をするというのは買い手に対してのメッセージの発信です。

社会・市場・買い手に対してメッセージを発信するにあたって、それらとの接点には様々なものがあります。主なものには営業担当者、販売担当者、コールセンターや問い合わせ窓口の担当者といった人的なもの、名刺、会社案内、商品といった物的なもの、Ｗｅｂサイトやインターネット広告、ＴＶＣＭのような無形のものなどが挙げられます。

接点となるものの中でも形のあるものには全てデザインが活用されているということはお伝えしている通りです。また、ＷｅｂやＴＶのように視覚に訴求するメディア、および広告においてデザインが活用されています。人的な接点であっても制服を身につけることがありますが、制服もまたデザインが施されています。

売り手は、買い手に自社の商品を選んでもらうために、これらの接点を介して社会・市場・買い手に対して様々なメッセージを伝えます。企業自体の情報、ブランドイメージ、競合との違いや競争優位性といったこと。商品・サービスの情報、提供するベネフィットや付加価値、競合の商品・サービスとの違いや競争優位性といったことなどが挙げられます。

例えば非鉄金属の商社とシステムインテグレーターとでは、付加価値を提供する相手も提供している付加価値も異なります。誰に対してどういった付加価値を提供しているのかということが名刺や会社案内、Ｗｅｂサイトなどからちゃんと伝わる必要があります。

非鉄金属の商社のA社のロゴをシステムインテグレーターB社のロゴと取り替えたらB社の名刺としても使用できますというのであれば、それはA社の価値を伝えるデザインでも、B社の価値を伝えるデザインでもないということになります。もちろん、そのようなデザインには価値がありません。

そのため、名刺や会社案内、Ｗｅｂサイトといった売り手と買い手との接点となるものにおいては、提供する付加価値に合った適切なデザインが必要になります。

特に、サービス業の場合は形のある商品とは異なり、買い手が購入前に品質を確認することが難しいという特徴があります。そのため、買い手が判断できるようにサービスの内容や品質について、買い手に対して何らかの方法で伝える必要があります。

例えば、飲食店だと「おいしい」かどうかは実際に食べてもらわないと分かりませんが、食べてみようと思っていただくには「おいしそう」だと思っていただく必要があります。

何をどこまで伝えると買い手が興味を持って購入を検討するのかは、商品やサービスの種類や価格によって異なります。しかし、少なくとも買い手の期待値の基準を超えるだけの価値を伝達する必要があるといえるでしょう。

第2章まとめ

☑ 全ての企業は必ずデザインを使用している。

☑ デザインは問題解決の手段である。

☑ デザインはものの機能や性能を向上させる、認識力を向上させる、特定のイメージを与えるといった様々な効果を得ることができる。

☑ デザインの効果によって、企業の経営においても様々な効果を得ることができる。

☑ デザインによって新たに価値を創造することと、価値を伝達することができる。

Coffee break

頭の体操がてら、お時間のある時に次の質問について考えてみてください。普段からこういった点を考えるようになると、今まで見えていなかったことが見えてくるはずです。

Q1／デザインを効果的に活用している企業はどこが思い浮かびますか？　一社で結構ですので、考えてみてください。

Q2／その企業は、デザインをどのように効果的に活用していると感じますか？

Q3／デザインが適切ではないため、せっかくの付加価値がきちんと伝わっていない企業はどこが考えられますか？　一社で結構ですので、考えてみてください。

Q4／それは、どこを改善したら良くなると考えられますか？

Q5／貴社のデザインは効果的に活用されているでしょうか？

第3章

経営におけるデザイン

経営の中のデザイン

デザインとは何か、どういった効果があるのかということをご理解いただいた上で、実際に経営においてデザインをどのように活用できるかという点を、戦略、マーケティング、ブランディングといった様々な切り口から考えてみたいと思います。

よろしければ、ご自身の事業に当てはめながら、実際の企業の事例を考えながらお読みください。理解も深まりますし、思わぬアイデアを思いつくかもしれません。

戦略階層別にデザインを考える

一般的に企業の経営においては、企業戦略、事業戦略、機能戦略の3つの階層に分けて考えます。企業戦略（あるいは全社戦略）は企業全体の戦略、事業戦略はそれぞれの事業ごとの戦略、機能戦略はそれぞれの事業において、マーケティングや生産といった個々の機能ごとの戦略だと定義しているのが一般的です。

3つの階層のそれぞれの目的と役割は異なり、付加価値を伝えたいターゲットや伝えるべき付加価値の内容もそれぞれの階層によって異なります。そのため、デザインの役割も戦略の階層によって異なります。

いずれの戦略レベルであったとしても、戦略とデザインに齟齬があってはいけません。

企業戦略レベル

企業戦略においては、経営理念や経営ビジョンに基づいて、企業全体の方向性の設定を行います。経営戦略において企業戦略が最も上位の階層ですので、企業戦略での設定が下位である事業戦略、機能戦略に影響を与えます。

企業戦略では、主に以下の3つを行います。

1. 事業領域（ドメイン）の設定
2. 事業ポートフォリオの設定
3. 経営資源の配分

事業領域とは、どういった市場に対して、どのような付加価値を、どのように提供するかという事業活動を行う範囲を指します。

事業領域は、企業の状況に応じた適切な範囲でなくてはいけません。事業領域が広いほど経営資源に相応の量と種類が求められ、競合が増えてしまいます。限られた資源が分散せざるを得ないため、効率的な経営が難しくなる可能性があります。逆に事業領域が狭いほど必要とされる経営資源は少なくてすみますが、事業領域が狭すぎると顧客のニーズに適合できなくなってしまう可能性があります。

規模の小さな企業の場合は単一の事業しか行っていないケースが多いですが、ある程度の規模の企業になると、複数の事業を行うことが一般的です。複数の事業を展開する主なメリットは事業同士のシナジー効果と事業リスクの分散です。逆に、複数の事業を展開するデメリットは経営資源が分散するため、経営の効率が悪くなることです。

オリジナル商品の企画・製造をしているメーカーが、他社のOEMという別の事業を行うことで、収益の安定、生産量の向上によるコストダウン、技術力の向上などのメリットを得られることが考えられます。しかし、相応の設備や従業員といった経営資源とノウハウが必要になります。

事業ごとの関連性が強いと事業同士のシナジー効果を得やすくなりますが、関連性が弱いほど安全性が高まる可能性があります。例えば、商品のメーカーが、商品を直接販売するために店舗事業を行う関連多角化と、金属加工のメーカーが駐車場事業を行う無関連多角化とを比較してみましょう。前者の関連多角化の場合は、いうなれば事業同士の掛け算です。メーカーがエンドユーザーに直接販売することで、より市場のニーズを把握しやすくなります。その結果、企画の精度が高まることで売上に繋がる商品のリリースを行いやすくなるといった効果を得られます。しかし、取り扱っている商品のニーズがなくなると、いずれの事業も売上が下がってしまいます。掛け算である分、プラスの影響もマイナスの影響も大きいといえます。後者の無関連多角化の場合は足し算です。それぞれの事業に関連性がないため、金属加工業で得たノウハウを駐車場の事業に生かす場面はあまりないでしょうし、逆も然りでしょう。しかし、金属加工事業のニーズが減ったとしても、駐車場事業のニーズには直接の影響はありません。このようにプラスの影響もマイナスの影響も小さくなるため、経営は安定する可能性が高いです。しかし、外部から見た際にどういった企業なのかが分からないという可能性があります。

複数の事業を行うにあたっては、事業ごとに外部環境や成長性、収益性が異なるために、それぞれの事業に対してどういった経営資源をどれだけ投入するのかも異なります。具体的には、市場が縮小している事業を担当している従業員や投入資金を減らしつつ、成長している事業を担当している従業員を増やし、資金を増加させるといったことが必要です。

複数の事業展開をしていて、それぞれの関連性が低い場合は、必要な経営資源が異なります。その分多くの経営資源が必要になるため、中小企業においては実現性が低くなります。

では、企業戦略レベルでのデザイン活用とはどういったものでしょうか。企業戦略レベルでは、自社の経営ビジョンや事業領域、ブランドイメージ、競合との差異といったことを社外に対して訴求し、社内に対して浸透させる必要があります。

社外の訴求対象は社会、市場、そして買い手です。さらに、材料の調達先、競合も訴求対象だといえるでしょう。社内とは従業員のことです。各戦略を実行するのは従業員ですから、従業員に戦略の理解を促す必要があります。そのためには、ビジョンや企業の価値やブランドイメージといった抽象的なイメージを具現化することで、より社内外に対して伝わりやすくなります。

ロゴデザイン、名刺、会社案内、Ｗｅｂサイト、社章といった、会社そのものを表し、全社共通で使用するものに対して企業戦略レベルのデザインが反映されることになります。

事業戦略レベル

企業戦略が全ての事業を含んだ会社全体の戦略として策定されるのに対し、事業戦略は事業ごとの戦略となります。

それぞれ事業ごとに市場があります。市場には買い手がいて、たいていの市場には競合も存在しているでしょう。競合との競争を避け、あるいは競合との競争に勝つための競争優位性の確立が事業戦略の目的といえるでしょう。

中小企業における競争優位性とは、経営資源が少ないこと、可能な限り競争を避けるということを前提とする必要があります。競争優位性や差別化の観点から経営資源においては、ヒト、モノ、金といった規模の大きな企業が有利なものではなく、情報（ノウハウのような無形資源）を軸に検討する必要があるでしょう。

また、競合に対する競争優位性は一時的なものではなく、持続的なものであることが望ましいことはいうまでもありません。そのためには他社とは差別化された独自のポジションを築き上げ、維持したいところです。具体的には、ニッチな市場に対して高い付加価値を提供する、特定の商品に特化した上で顧客の要求に対応できる柔軟性といったことが挙げられます。

企業戦略レベルでのデザイン活用とはどういったものでしょうか。事業戦略レベルでは、事業ごとのターゲット、付加価値、ブランドイメージ、競合との差異といったことを社外に対して訴求する必要があります。

最高級ブランドと、やや価格帯を下げた普及用のブランドといったように、事業ごとのターゲットや提供している付加価値の違いを、それぞれの事業の価値を伝えるためにデザインに反映させます。

事業ごとに異なるデザインを制作するものの例として、Ｗｅｂサイトが挙げられます。セブン＆アイ・ホールディングスは百貨店（そごう、西武）とイトーヨーカドーなどのスーパーマーケット事業を行っています。当然百貨店とスーパーマーケットではターゲット、提供している付加価値（取扱商品）の両方が異なりますので、Ｗｅｂサイトのテイストが異なっています。

競合と差別化されていないのであれば、他社のものとデザインが似通ったものになってしまう可能性もあります。競合と差別化ができていない状態で、デザインで差別化しようとしても、本質の面では差別化になりませんので、デザインの効果は極めて限定的になってしまいます。

機能戦略レベル

マーケティング戦略、調達戦略、生産戦略といった事業を具体的に行うにあたってのオペレーションレベルの戦略です。

業種や業態によって必要となる戦略は異なります。どの事業者も最終的に商品・サービスを販売しないといけないため、マーケティング戦略は全ての企業にとって必要となるでしょう。しかし、卸売業や小売業、サービス業は通常は生産を行わないため、生産戦略がありません。

商品やプロモーションはマーケティング戦略に属しますが、商品やプロモーションといった目に見える形のあるものに関して、デザインが大きな役割を担っていることはイメージしやすいと思われます。

機能的価値で競争しようとするとコモディティ化しやすくなります。コモディティ化した商品・サービスは、価格を上げてしまうと、顧客が離れてしまって売上の低下を招いてしまいます。価格の比較が容易にできる商品・サービスだとなおさらでしょう。

第2章でデザインによって価値の創造と価値の伝達ができることをお伝えしました。商品やサービスが元々持っている機能的価値に加えて、デザインによって機能的価値をさらに高めたり、あるいは情緒的な価値を高めたりすることでコモディティ化から抜け出し、より高い価格で販売することもできるようになります。

デザインが使用される場面はプロモーションにおいてだけではありません。例えば、物流においてもデザインが使用されている例をご紹介いたします。

上の写真をご覧ください。建築やリフォームに使用されるシーリング材（コーキング材）がホームセンターで販売されている様子です。段ボール箱にミシン目が入っているため容易にカットできるようになっていて、箱のまま陳列できるようになっています。

商品を店の棚に陳列するにあたっては、段ボール箱から商品を出して陳列することが多いと思われますが、例に挙げたシーリング材は、段ボールのまま陳列できるようになっていることで、店舗のスタッフが棚に置きなおす手間を省くという付加価値を創出しています。

余談になりますが、筆者としてはこの箱はまだまだ工夫の余地があると考えています。

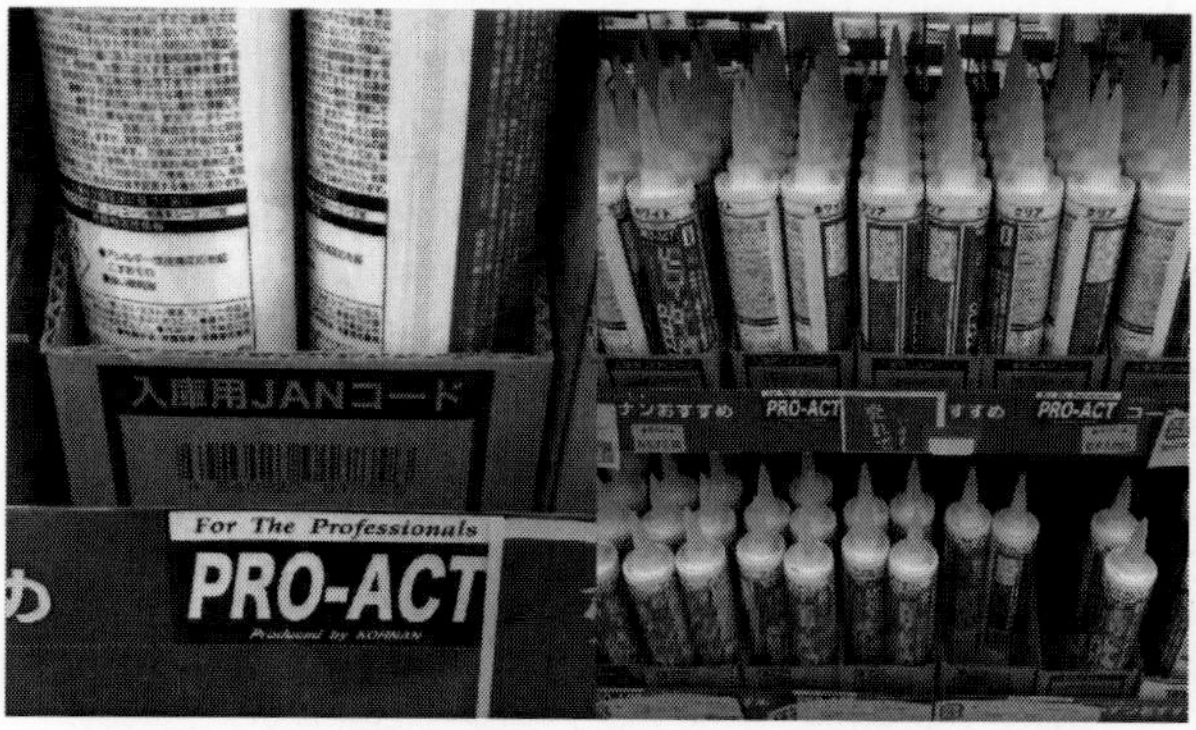

上の写真は異なるメーカーのシーリング材ですが、段ボールのこちらに見えている面にＪＡＮコードが印刷されています。ＪＡＮコードも流通を効率的に行うために必要なものなのですが、店舗の棚に陳列している時点では、すでに役割を終えています。また、店舗でシーリング材を購入する買い手にとっては不要な情報です。せっかくなので、買い手に必要な情報を記載するといった使い方ができないでしょうか。

例えば、ＱＲコードを印刷して自社のサイトに誘導し、文章や動画によって商品の特徴を解説するといった使い方です。

マーケティングの面からデザインを考える

マーケティングの定義とは何ですかと聞かれると、人によって答えが異なるかもしれません。しかし、企業が売上を上げるための一連の活動であるという認識には相違がないと思われます。マーケティングの大家であるフィリップ・コトラーはマーケティング活動を行うにあたっての基本プロセスとして、次のように提唱しています。

①調査
②ＳＴＰ
③マーケティングミックス
④実施
⑤管理

まずは内部や外部の環境分析を行い、その結果に基づいて市場を切り分けてどこを狙っていくのかを決め、市場内でのポジションを設定します。その上で、何を、どういったチャネルで、価格はいくらで、どのようにプロモーションして販売するかを決めます。そして、実行と管理を行い、成果をフィードバックするという流れになっています。

このうち、特にデザインが関係するのは②ＳＴＰと③マーケティングミックスになります。これらにおけるデザインについてご説明をいたします。

ＳＴＰにおけるデザイン

ＳＴＰとはセグメンテーション（Segmentation）・ターゲティング（Targeting）・ポジショニング（Positioning）の頭文字を取ったものです。このフェイズにおいて行われることは、売り手から買い手に対してなされる付加価値の提供の効率化を図るために、事業のターゲットと買い手・競合との関係を明確にすることです。

個々の商品やプロモーションにおけるデザインは、ＳＴＰを設定した後のマーケティングミックスでのフェイズになります。したがって、ＳＴＰにおいては、どういったターゲットに対してどういった付加価値を提供するのか、市場においてどういったポジショニングであるかということを社内外に伝えるためのベースとなるデザインの方向性やコンセプトが決まると考えていただくとよいでしょう。

セグメンテーション

セグメンテーションとは、市場を適切な基準において細分化することです。人それぞれでニーズや好みが異なるため、市場の全てをターゲットにすることは非常に非効率です。また、ターゲットが大きければ大きいほど、付加価値の創出と提供を行うにあたって、多くの経営資源を必要とします。そのため、地域や性別、ライフスタイルや趣向といった様々な基準において市場のセグメンテーション（細分化）を行います。セグメンテーションされた一つ一つの区分をセグメントと呼びます。

マーケティングにおいては、セグメンテーションをするにあたって、次の4つの基準があるとされています。

■ジオグラフィック基準（地理的基準）
■デモグラフィック基準（人口統計的基準）
■サイコグラフィック基準（心理的基準）
■行動変数基準

それぞれの基準がどういったものなのか、デザインがどのように関係するのかについて説明いたします。

――ジオグラフィック基準

ジオグラフィック基準とは、地理的な基準でセグメンテーションするものです。都道府県や市町村といった行政単位もあれば、商業地や住宅地といった場所の違いでもニーズは変わります。その他では、気候、平均気温、人口密度といったことがセグメンテーションの基準として使用されます。

エリアが変わると生活様式が変わり、それに伴って様々な需要も異なります。例えば、都市圏の公共交通機関が充実しているエリアと郊外エリアとを比較すると、自動車免許や自家用車の保有率が異なります。つまり自家用車に対する需要が異なるということです。

場所のイメージによって、適切なデザインも異なることがあります。例えば、都会的なイメージを与えるのであれば緑色や茶色よりも灰色の方が合っていると考えられます。しかし、自然を感じさせるのであれば、灰色よりも緑色や茶色の方が合っているでしょう。

――デモグラフィック基準

デモグラフィック基準とは、人口動態を基準としてセグメンテーションするものです。個人の場合は年齢、性別、家族構成、年収、職業など、企業の場合は業種、企業規模といったことがグラフィック基準として考えられるでしょう。

Ｆ１層やＭ２層といった言葉を聞いたことがあるのではないでしょうか。これはデモグラフィック基準の性別と年齢でセグメンテーションしている例です。

年齢や性別によって、好まれるデザインは変わります。基本的には、年齢が上がるにつれて落ち着いた色合いを好むようになります。また、装飾に関しても、若い人は装飾的なものを好む傾向にありますが、年齢が上がるとともにシンプルなものを好む傾向にあります。

――サイコグラフィック基準

サイコグラフィック基準とは、志向、価値観、ライフスタイルなどの心理的な基準に基づいてセグメンテーションするものです。消費者向け専用の基準と思われるかもしれませんが、事業者であってもチャレンジする気風や保守的な価値観といった、社風や共通の価値観はサイコグラフィック基準といえるでしょう。

どの程度新しいもの好きで自ら積極的に情報収集を行うか、といったことがサイコグラフィック基準でのセグメンテーションになります。積極的に情報収集を行うリテラシーの高い層と、他の人が買ってから自分も買おうという層とでは訴求するためのデザインは変わるでしょう。

――行動変数基準

行動変数基準とは、過去の購買経験の有無、使用頻度、購買頻度など、買い手の行動に基づいた基準です。既存顧客と見込み客、ヘビーユーザーとライトユーザーではニーズや購買行動が異なります。

同じカテゴリーに属している商品でも、初心者やライトユーザー向けのものと、上級者やヘビーユーザー向けのものとでは、パッケージのデザインを変える必要があります。例えば、前者であればハードルが高くなく見えるように、後者は上級者やヘビーユーザーでも満足できる品質であることを伝える必要があるでしょう。

これらの基準はいずれか一つの基準を単独で使用するのではなく、通常は複数を組み合わせます。複数を組み合わせないと、粗すぎて的確なセグメントにならないからです。例えば、デモグラフィック基準で例に挙げたF1層、F2層、F3層、M1層、M2層、M3層……の基準は、性別と年齢に基づいた基準です。F1層は20～34歳の女性ですが、学生もいれば社会人もいますし、独身者もいれば既婚者もいます。有職者であっても、都心部のビジネス街で働いている人もいれば、近所のスーパーマーケットでパートをしている人もいます。ライフスタイルも、価値観も、使用できる金額などもそれぞれ異なるため、全員に共通して提供できる付加価値というのは考えにくいです。そのため、20代後半の都心部で働くキャリア志向のビジネスウーマンといったように、複数の基準を組み合わせることでより絞り込んでいきます。

雑誌はまさに複数の基準でセグメントされたターゲットに向けて提供している商品です。例えば、ファッション誌だと主に、性別、年齢別、志向別でセグメンテーションしています。セグメントごとに表紙や誌面のデザインを変えているということは、複数の雑誌を見比べていただくとお分かりいただけるかと思います。

ターゲティング

ターゲティングとは、セグメントのいずれかを評価し、対象とするのかを決定することです。対象となるセグメントに対して適切なアプローチができることが前提となります。

規模が大きく、さらに今後成長が期待できるセグメントは魅力的に感じるでしょう。しかし、高い利益が得られそうなセグメントは、必然的に競合が多くなり、環境として厳しい可能性が高いです。利益だけでなく、自社の強みを生かして競争を避けることができる、あるいは競争に勝つことができるといった条件に基づいてセグメントを決定します。

ポジショニング

ポジショニングとは、選択したセグメントにおいて、買い手に対するブランディングや競合に対する自社の位置づけを行うことです。ポジショニングの結果、競合と差別化されている、あるいは何らかの比較優位性を持つポジションであることが求められます。

また、市場内でコモディティ化しているということはポジショニングが適切に行われていないということです。特に市場参入が後発であれば、競合と同じポジションだと、実績がないために不利な状況でスタートすることになります。

買い手に対して自社の価値と競合との差異を伝えることが、ポジショニングに関連したデザインの使用意図になります。

マーケティングミックスにおけるデザインの役割

マーケティング活動において具体的な打ち手に落とし込む必要があります。それがマーケティングミックスと呼ばれるもので、代表的なフレームワークには４Ｐがあります。４Ｐとは次の４つを指します。

■製品（Product）
■価格（Price）
■プロモーション（Promotion）
■チャネル（Place）

7Pは、4Pに次の3つを加えたもので、サービス業においてマーケティングミックスを検討する際によく使用されるフレームワークです。

■人（Personnel）
■プロセス（Process）
■物的証拠（Physical Evidence）

これら7つのうち、製品、プロモーション、チャネル、人、物的証拠の5つにおいて、特にデザインが使用されています。デザインがどのような役割をもって使用されているか、それぞれ見ていきましょう。

製品（Product）

製品を言い換えると、売り手が買い手に提供する価値を具現化、具体化したものとなるでしょう。製品には有形財と無形財であるサービスの2種類があります。有形財であれば、形があるものですので何らかのデザインが使用されているというのはイメージしやすいのではないでしょうか。

有形財であれば、その付加価値そのものを体現するため、付加価値を創出するため、また付加価値を伝えるためにデザインが使用されます。

有形財といっても固形のものだけではありません。粉末状や液体状のものであれば、そのままでは流通できません。また、柔らかいものや耐久度の低いものは壊れないようにする必要があります。内容の保護や運搬を容易にするために、たいてい容器やパッケージに入れられています。マーケティングにおいては、パッケージも製品として考えます。

パッケージの役割は店舗に陳列された時に買い手に対して競合商品との違いを訴求する役割や、購買意欲を高めるため訴求をするという役割もあり、それらのためにデザインが使用されています。

例えば、スーパーマーケットで野菜が販売されるにあたってポリプロピレンの袋に入れられていることがあります。袋には「〇〇産ほうれんそう」といったように、産地と内容がプリントされていることがよくありますが、これは内容物についての情報に加えて、内容物の付加価値を伝えているといえるでしょう。

デザインの工夫次第では、さらに新たな付加価値を創出することができます。先ほどのほうれんそうの袋を例にすると、ＱＲコードをプリントしてＷｅｂサイトに誘導し、ほうれんそうを使用した献立や新たな食べ方の提案を行うといったことが考えられます。それによって、袋（パッケージ）は内容物の保護や運搬を容易にするという従来の価値に加えて、買い手に対して献立を考える手間を省く、新たな食べ方を伝えるといった今までになかった新たな付加価値を創出し、提供することができます。

プロモーション（Promotion）

買い手に知られていない製品は売れません。そのため、訴求を行う必要があります。買い手に対して製品の認知、興味の醸成、より深い関係性の構築、購買意思決定、競合商品への流出防止といった、売上を上げるために行う一連の訴求活動が該当します。広告、販売促進、広報（ＰＲ）、それに人的な営業活動といったことがプロモーションに該当します。

具体的なプロモーションの手段には様々なものがあります。ＴＶやラジオ、新聞、雑誌などのメディアやポータルサイトなどへの広告出稿。ＷｅｂサイトやＳＮＳといったＷｅｂ関連。チラシやフライヤー、ＤＭといった紙媒体。イベントやサンプルの配布といったことなど、あらゆる販売促進活動が含まれます。

中でも、Ｗｅｂサイトやパンフレット、ＴＶ・新聞・雑誌・店舗ののぼりといった、買い手の視覚に訴求するもの全てにおいてデザインが使用されています。デザインは、製品を訴求するために、その付加価値を伝え、競合と差別化をするという役割を負っています。

チャネル（Place）

製品を買い手に届ける経路や手段を指します。実店舗あるいはＥＣサイトで販売する、Ｗｅｂサイトで申し込むといったことであれば、それらにはデザインが使用されています。チャネルにおいて、デザインは製品のみならず、企業や事業の付加価値を伝える役割を負っています。

Ａｐｐｌｅを例に考えてみましょう。Ａｐｐｌｅ製品の販売はＡｐｐｌｅのＷｅｂサイト[1]、Ａｐｐｌｅストア、家電量販店、各携帯電話のキャリアの店舗の４つが主なチャネルと考えられますが、いずれもＡｐｐｌｅのブランドイメージに沿ったデザインになっています。

ＡｐｐｌｅのＷｅｂサイトはシンプルかつクールなＷｅｂサイトとしてベンチマークされて

1　https://www.apple.com

いるほどのデザインです。これはＡｐｐｌｅの商品のデザインコンセプトとマッチしたものだといえるでしょう。また、Ａｐｐｌｅストアであれば、内装や外装のデザインを余計な装飾を排してシンプルなデザインにしています。家電量販店においても、店舗の中に専用のスペースを作っており、やはりＡｐｐｌｅ独自の空間を作り出してブランドイメージを徹底しています。

さすがに各キャリアの店舗では家電量販店のように専用のスペースを作ることまではできませんが、ブランドイメージを守るためにデザインを活用しているということはお分かりいただけるかと思います。

人（Personnel）

自社だけでなく、付加価値を買い手に提供することに関わっている人全てを指します。４Ｐのフレームワークには含まれていませんが、有形財を取り扱っている企業にとっても顧客との接点となる人は存在します。

業務において制服を着ることがありますが、制服にもデザインが使用されています。制服は作業の効率性や安全性といった機能的効果を得るために使用されるだけではありません。社外と社内に向けての発信と効果を得る目的でも使用されます。

社外向けとしては特定の組織に属していることと、提供する価値を伝える効果があります。

飲食店で料理をする人は白衣を着ていることが多いですが、それだけで店のスタッフであり、調理担当であることが伝わります。社内向けとしては組織への帰属意識、連帯感や一体感の醸成といった効果があります。

いずれにおいても、デザインが企業や事業の付加価値を社内外に伝える役割を負っています。

物的証拠（Physical Evidence）

無形財は有形財とは異なり、買い手が購入前に実際に使用してみて使い心地を確かめる、食べてみて味を確認するといったことができません。そのため、何らかの形でサービスを可視化して付加価値を買い手に伝える必要があります。

飲食店だと店舗の外観や看板からおいしそうだと伝える必要があるでしょう。美容院も外観や内装からおしゃれなイメージを伝えていることが多いのではないでしょうか。逆に名刺や自社のＷｅｂサイトのデザインのクオリティが低いデザイン会社は、相手にデザイン力が低いイメージを与えかねません。

デザインは提供する無形財の付加価値を伝える役割を負っているといえます。無形財を提供する事業者は、有形財を提供する事業者よりもデザインを効果的に使用する重要性が高いといえるでしょう。

ブランディングにおけるデザインの役割

第1章でもご紹介差し上げましたが、筆者は機能的価値と価格は必ずしも比例しない例として、たびたび腕時計の話をします。その際に、機能的価値と価格が比例していない理由として、ほとんどの方が「ブランディングですね」とおっしゃられます。

ではブランディングとは何でしょうか。なんとなくのイメージはどなたも持たれていても、「ブランディングとは○○を××することである」と端的に説明するとなると、曖昧になる方も多いのではないでしょうか。

マーケティングと同様に、ブランディングという言葉の定義も人によって幅があります。本題に入る前にブランディングについての認識を合わせるために、簡単に説明いたします。

ブランディングとは

ブランディング（branding）とは、ブランド（brand）という言葉に「ing」がついたものです。ブランドの語源は、家畜などに焼き印を押すことを意味するBurnedからといわれています。なぜ家畜に焼き印を押すのかというと、自分のものと他人のものとを見分けるためです。

そこからbrandという単語には焼き印、転じて、商品名や銘柄といった意味があります。

自社の商品（およびサービス）を購入していただくためには、戦略に沿ったイメージを買い手に抱いていただくことや、買い手に自社の提供している付加価値と競合の商品との違いをきちんと認識していただく必要があります。そのための仕組み作りや活動全般がブランディングといえます。

ブランディングの誤解として、取り扱っている商品やサービスが高額でなければ関係がないといったことや、大企業にとってのみ必要なものであって、中小企業には関係がないといったことがあります。

高級なイメージを与える、あるいは高品質なイメージを与えるための活動がブランディングなのではありません。低価格が売りの店舗は、買い手に価格が安いというブランドイメージを与える必要があります。繰り返しになりますが、買い手に自社の提供している付加価値と、競合の提供している付加価値との違いを認識していただく一連の活動、言い換えると**売り手が考える望ましいイメージに対して、実際に買い手が抱いているイメージをマッチさせる活動**がブランディングだといえるでしょう。

さて、顧客が自社に対して知覚しているイメージと、自社が知覚していただきたいと考えるイメージ像をマッチさせるためには、社内における理念を徹底し、企業活動とデザインを最適化する必要があります。

経営理念や行動指針、クレド（行動規範）といったことが社内で徹底されていなければ、従業員にとって目指すべきこと、指針になるものが統一されません。そのため、様々な企業活動を徹底させることができません。

会社の方向性、企画する商品やサービス、実際の従業員の行動といったことに一貫性がなく、それぞれがバラバラだと、買い手が受ける印象もそれぞれ異なったものになってしまいます。つまり、売り手が考える望ましいイメージを買い手に与えることができません。

例えば、ラグジュアリーブランドを取り扱っている企業は、買い手に高級なイメージを持ってもらいたいため、商品だけでなく、顧客対応や店舗の内外装といった、買い手とのあらゆる接点において高級感を感じてもらう必要があります。そのために、仕入れ担当者、販売担当者、宣伝担当者といったあらゆる担当者が共通の理念に基づいて、望ましいブランドイメージを与えるために行動する必要があります。さもなければ、買い手のイメージとマッチせず、期待値とかけ離れた経験をした買い手の満足度が低くなることが考えられるからです。

買い手との接点のうち、シンボルマーク、イメージカラー、イメージキャラクター、店舗、商品といった視覚に刺激を与えるものにおけるデザインが、企業や商品・サービスの付加価値を買い手に伝えることでブランドイメージの構成に寄与しています。

ブランディングの効果

買い手が商品・サービスを購入するにあたり、競合と比較しながら検討します。その際に、候補の中から何を基準に選ぶのかといえば、それは共通点ではなく、相違点によって選択します。相違点が少ないとコモディティ化している状態です。実際に相違点があるかどうかよりも、買い手が相違点を感じているかどうかが重要になります。したがって、買い手に相違点が正しく伝わっていないのであれば、実際には相違点があったとしても買い手の選択時においてはあまり意味がありません。

ブランディングによって、買い手の中で「○○といえば、××社」というイメージが強ければ強いほど、選択肢の中から競合が排除され、自社の商品が購入される確率が高まります。これは、初購入時における選択時だけでなく、2回目以降の購入時においても効果があります。買い手の中で自社以外の選択肢が排除されることで、競合商品・サービスへの乗り換えを防ぐことになります。その結果、一つの企業、あるいは一人の顧客から生涯にわたって得られる売上が向上します。

また、選択肢の中から競合が排除されるということは、競合がどのようなプロモーションを行っていたとしても、買い手は影響を受けにくいということになります。つまり、競合に対抗したプロモーションを行う必要がなく、広告宣伝や販売促進の抑制に繋がります。


それに対して、ブランディングができておらず、ターゲットと提供している付加価値が買い手に正しく伝わっていなければ、ターゲットにならない層からの問い合わせに手間がとられる、対応したものの結局購入には至らなかったといったような無駄な作業が発生するといったことが考えられます。

例えば、製造業のＷｅｂサイトを制作するならここが一番だと顧客や広告代理店に認識してもらうことができれば、Ｗｅｂサイトを制作、あるいはリニューアルするにあたって第一の候補になりやすいため、受注できる確率は高まります。それに対して、ブランディングができていなければ、声がかからなかったり、複数の企業でコンペになったものの、結局失注してしまったりする可能性が高くなるでしょう。

ブランディングにおけるデザインの役割

ブランド論の大家といわれる、デービッド・A・アーカーは、ブランドエクイティという理論を提唱しました。それまではブランドの目的は販売促進であるといったものでしたが、概念的なブランドというものを、企業の無形の資産とみなし、長期的な競争優位と収益の基盤になるという考えを提唱しました。

アーカーによると、ブランドエクイティは、次の5つによって構成するとされています。

①ブランド認知
②知覚品質
③ブランド・ロイヤルティ
④ブランド連想
⑤他の所有権のあるブランド資産

これらブランドエクイティを構成するそれぞれの要素において、具体的なデザインの役割を考えていきましょう。

ブランド認知

ブランド認知とは、その名前の通りブランドがどれだけ買い手に認知されているかの度合いです。買い手に認知されていない商品・サービスは買い手の選択肢に入らないため、購入されることはありません。認知度が高ければ、買い手が購入を検討する際に選択肢に入る可能性が高まります。

ブランド認知は、一般的には人的な営業を含めたプロモーション活動によって向上させることになるでしょう。店頭やＥＣサイトといった、実際に購入する場面で商品・サービスが認知されることもあります。

これらプロモーション活動と商品そのものや商品のパッケージにおいてデザインが使用されることになります。

商品・サービスは、その種類や価格、仕様頻度といった様々な性質によって、その場で購入されるもの、改めて検討した上で購入されるもの、いずれ必要になれば購入の検討を行うものといった様々な購入のされ方が考えられます。デザインの役割として共通しているのは、買い手に付加価値と競合との差異を伝え、買い手にとって購入する対象として検討してもらうといったことが考えられます。

知覚品質

ブランドに対して、買い手が認識している品質です。売り手が提供している付加価値の品質を買い手が適切に認識していないと、本来ターゲットとして設定している層に訴求ができない、品質に対して高額であると判断されて失注する、あるいは望まない値引きを迫られるといったことが起こり得ます。

商品を実際に使用する、あるいはサービスを受けることで買い手は品質を知覚します。しかし、そのためにも買い手に購入してもらわなくてはいけません。つまり、買い手に対して先に品質を知覚してもらい、購入の動機づけを高める必要があります。

買い手に購入してもらうにあたってのハードルは、商品・サービスによって異なります。一般的に安価なものであれば購入のハードルは低く、高価なものであるほど慎重に検討します。また、競合が多いほど買い手の選択肢は多くなりますが、その中で明確に競合との違いを知覚されていなければ、自社商品が選ばれる確率は下がってしまいます。

繰り返しお伝えしているように、経営におけるデザインの効果として、価値を伝えるというものがあります。提供している付加価値の品質について、買い手に正しく伝えることがデザインの役割になります。

ブランド・ロイヤルティ

ロイヤルティ（loyalty）は忠誠心のことですが、ブランド・ロイヤルティとは、特定のブランドに対する忠誠心や愛着心を指します。競合との競争に勝つため、あるいは買い手との間に長期的な関係を築くためにはブランド・ロイヤルティが重要になります。前出のアーカーは、ブランド・ロイヤルティは一度獲得するとなかなか失われないため、全てのブランド価値の中核をなすとしています。

Ａｐｐｌｅ信者、ＳＯＮＹ信者、Ｋａｗａｓａｋｉ信者といった言葉を聞いたことがある方もいらっしゃるのではないでしょうか。このように、特定のメーカーに対して〇〇信者と呼ばれるようなユーザーはブランド・ロイヤルティが高いユーザーといえます。

ブランド・ロイヤルティの高さに応じて、当該ブランドの商品・サービスを購入する確率が高くなります。競合の商品・サービスを選択肢として検討しない、あるいは比較検討するにあたって価値を低く見積もるといったことが理由です。また、ブランド・ロイヤルティが高いユーザーは、他の買い手に対して積極的に当該ブランドを勧める可能性が高くなります。

デザインによって商品の機能的価値や情緒的価値が高まることで、ブランド・ロイヤルティに影響を与えるということが考えられます。しかし、機能的価値に関しては技術の発展とともに陳腐化しますし、情緒的価値と比較して模倣が容易です。したがって、ブランド・ロイヤルティを向上させるためには、情緒的価値の重要度が高いといえるでしょう。デザインによって、情緒的価値を高めることがブランド・ロイヤルティにおいて大きな役割だと考えられます。

ブランド連想

買い手が特定ブランドに対して連想する全てのことです。ブランディングとは、売り手にとって望ましいイメージを買い手に抱いてもらうための一連の活動ですから、ブランド連想はブランディングの最初の目的といえるでしょう。

実際の商品・サービスを経験する前に得た情報によるイメージと、商品・サービスを経験したことによるイメージの両方が考えられます。

対象が商品・サービスの経験前の場合には、提供している付加価値の品質について買い手に正しく伝えることがデザインの役割になります。買い手が商品・サービスを経験する段階においては、商品の機能的価値と情緒的価値の向上、サービスを提供する際の機能的価値と情緒的価値の提供による満足度の向上がデザインの役割になります。

他の所有権のあるブランド資産

特許権や商標権といった知的財産が含まれます。法的な保護を得ることで、競争優位性の源泉にもなり得ます。

知的財産の中でも、意匠権は物品のデザインを保護する法律です。特徴的で独創的なデザインを作成し、意匠権によって保護することで競争優位性を維持するといったことが考えられます。

ブランディングにおいてデザインが関与できないこと

企業や商品・サービスのブランディングにおけるデザインの役割は非常に大きいことは間違いありません。デザインの使用が適切でなければ、ブランドイメージを棄損してしまう可能性があります。

しかし、デザインだけでブランディングはできません。買い手と企業との接点はデザインを施した制作物だけではなく、体験や印象のようにデザインが介在しないものもあるからです。例えば、高級ホテルであれば、価格に応じた高いホスピタリティによるサービスが必要です。伝統や品質の高さ、高いホスピタリティそのものはデザインで表現することができるかもしれません。しかし、実際の応対そのものや、応対によって買い手が得る経験には形がありませんので、デザインが関与することができません。

ブランディングを行うためにはデザインの全体最適化だけではなく、組織風土、従業員の意思、教育体制、組織の仕組みや人事考課といった企業全体の全体最適化が必要です。

商品開発におけるデザイン活用のメリット

企業の経営において、デザインとは形のある商品だけに活用するものではないことは繰り返し述べてきましたが、やはり形のある商品においてデザインの効果が特に生かせるのも事実です。

デザインの効果として期待できることは、機能的価値の向上と情緒的価値の向上（あるいは付与）の2種類がありますが、デザインを活用するその他のメリットについて説明いたします。

開発を容易にする

市場に新たに登場した新商品を付加価値の提供の仕方という切り口で考えると、新技術を活用したもの、既存の技術を用いたものの2つのパターンが考えられます。2つのパターンのうち、新たな技術を導入するよりも、既存の技術を用いつつ、デザインを活用して付加価値を向上させた新商品を開発する方が、一般的には実現が容易だと考えられます。

デザインによって機能的価値が高まった例をご紹介します。それは皆さんもよくご存じの「ネジ」です。一般的に流通しているネジは様々な溝・穴の形があります。マイナスネジ、プラスネジ、六角穴、星形のような特殊な形状もあります。他にも色々ありますが、様々な場所で用途に合わせて使用されているのを、皆さんもご覧になったことがあるはずです。

マイナスネジとプラスネジとでは、マイナスネジの方が古くから存在しています。プラスネジが誕生したのが1935年ごろのアメリカですが、それまではマイナスネジしか存在していませんでした。

さて、マイナスネジを回しているとドライバーがずれてしまった経験はないでしょうか。それに対して、プラスネジはその穴の形状から、回している最中にドライバーがずれにくくなっています。また、力が加わる個所がマイナスネジは2点なのに対して、プラスネジは4点なので回す力が伝わりやすく、マイナスネジよりも楽に回せます。

このように、特に新たな技術を使用することなく、溝・穴の形をちょっと変えただけで使用感や作業効率に影響を与える新商品が開発されました。形状を変えないまま、ネジを回す際にドライバーがずれないようにし、楽に回せるようにするためには新素材の登場を待つ必要があったかもしれません。

また、デザインによって情緒的価値を向上させる形での新商品開発であったとしても、新技術を利用する場合と比較して実現性は高いと考えられます。

既存の商品に対してデザインを付与することで情緒的価値を高めるということは、必ずしも技術面での高度化やユニークな機能・性能の付与、生産プロセス・販売（流通）プロセスの改善・改革などを伴わないためです。

新商品の開発に際して、デザインを使用することは、高度な技術や設備を持たない企業、少ない経営資源しか持たない規模の小さな企業にとって、実行できる可能性が高いといえるでしょう。

開発期間が短い

今までに存在しないものを全くのゼロから企画し、生産して販売をするまでには相応の時間がかかることはいうまでもありません。また、既存の商品よりも機能が高い、あるいは新規の機能を追加した新商品を新たに開発することも相応の時間がかかります。

しかし、形状を変えて機能を追加する、模様や色彩を変えてターゲットに応じた情緒的価値を付与するといったことであれば、開発にかかる時間が、より短くなる可能性があります。

再びネジでたとえて説明いたします。ネジの穴にはプラス以外にも六角形や星形といった様々なバリエーションがあります。穴が特殊な形状をしているネジを締めたり緩めたりするためには、穴の形状に合わせた特殊なドライバーが必要となるため、いたずらや犯罪目的でネジを外せないようにしたいものに使用されています。

締めたり緩めたりする必要があるものの、防犯目的から誰でも締めたり緩めたりができないネジを作るにあたって、新素材や新技術を用いる方法もあるのかもしれませんが、穴の形状を特殊なものにすればすぐに実現することができます。

開発時間が短くなることで、市場への商品の投入が早くできれば、市場において先行優位性を得られやすくなります。さらに、開発期間が短くなるほど市場の変化に対して適切な対応をするスピードが向上します。ニーズの変動・変化への対応のスピードが向上することで、収益性や経営の安全性が向上することも期待できます。

開発に必要な費用が少ない

開発が容易となり、開発期間が短いとなると、開発のために投入するコストも少なくなります。この点は中小企業にとって実現可能性をさらに向上させる大きな要因となります。また、投入コストが減少するということは、プロジェクトの失敗、販売の中止時のサンクコストも減少します。収益が見込めない時の開発中止の判断、収益が低下した際の市場からの撤退や方向の転換について、的確な判断を行いやすくなるといえるでしょう。そのため、経営の安全性もデザインを活用した新規製品開発の方が通常のものよりも高いといえるでしょう。

生産性改善の面からデザインを考える

第2章において、色彩が見る人に対して生理的な影響や心理的な影響を与えると述べました。これらをうまく取り入れることで、従業員の生産性が向上する効果が期待できます。

例えば、引っ越し業者や宅配業者によっては白い段ボールを使用しているところがあります。これは、人間は明るい色ほど軽く感じ、暗い色ほど重く感じるという心理的効果を利用して、作業者が軽く感じるように最も明るい色、つまり白い段ボールを使用しているということです。

第3章まとめ

☑ 経営戦略の階層（企業戦略、事業戦略、機能戦略）ごとに目的が異なるため、必要なデザインも異なる。

☑ マーケティングにおいては商品のデザインのみならず、買い手に企業そのものの価値やプロモーションにおいてもデザインが大きな役割を負っている。

☑ 特にブランディングにおいて、デザインは大きな役割を負っているものの、デザインだけで企業や商品・サービスのブランディングはできない。

☑ 商品開発において、新技術を活用するよりもデザインを活用することで開発が容易になり、開発期間の短縮と低コスト化を図ることができる。

☑ 使い方によっては、デザインは生産性の改善にも応用することができる。

Coffee break

頭の体操がてら、お時間のある時に次の質問について考えてみてください。普段からこういった点を考えるようになると、今まで見えていなかったことが見えてくるはずです。

Q1／企業戦略、事業戦略において、付加価値を伝えるためにデザインを使用するものにはどのようなものがあるでしょうか？

Q2／手元にある雑誌、書店で見かけた雑誌など何でも結構ですので一冊選んでください。その雑誌はどのような基準でセグメンテーションされているでしょうか？

Q3／今までたくさんの名刺をいただいていると思います。その中で企業の価値がちゃんと伝わっていると思われる名刺はどれぐらいあるでしょうか？

Q4／コモディティ化している商品としてＰＣが挙げられます。様々なＰＣメーカーのＷｅｂサイトを見比べて、それぞれどういったブランディングをしているでしょうか？

Q5／デザインの工夫によって、物事を確認する時間を削減したり、ミスをなくしたりできることはないでしょうか？

第4章

デザイン戦略の策定

デザインを戦略的に活用するために

デザインは様々な効果を持っており、それによって付加価値を創出し、また付加価値を伝達する力があります。企業にとってデザインとは問題解決の手段であり、実際にどのように活用されているかを説明してきました。では、経営において実際にデザインを戦略的に活用するためにはどのようにすればよいのでしょうか。

規模や業種、周囲の環境は企業によって異なりますので、必ず望んだ効果が出る手順や手法というものは残念ながら存在しません。とはいうものの、デザインについての概念の話で終わってしまったら、せっかく本書を読んでいただいた時間が無駄になってしまいます。そこで、企業の経営においてデザインを戦略的に活用するための手順をご紹介いたします。それぞれのフェイズにおける考え方も併せてお伝えいたしますので、企業の置かれた状況に応じてカスタマイズをしていただけますと幸いです。

さて、ここまで本書をお読みいただいて、「デザインに対して意識が変わった。早速デザイン会社にデザインを改めてもらうように依頼をしよう」……これではデザインは変わっても、それ以外は今までと何も変わらないでしょう。例えば、利益を得にくい市場において、デザインを変えただけで利益が大幅に改善するといったことは望めません。あくまでも**企業の戦略が妥当であることが効果的なデザイン活用の前提となります。**

企業の経営においてデザインを効果的に活用するためには、以下の４つが必要になります。

①経営ビジョンが明確であること
②経営戦略が妥当なものであること
③経営戦略に基づいたデザイン戦略であること
④デザイン戦略に基づいてデザインを全体最適化すること

実際のデザインの上位には、デザインをどう活用していくかといったデザイン戦略があり、その上位に経営戦略があります。さらにその上位に経営者の描く経営ビジョンがあります。経営ビジョン、経営戦略が適切なものでなければ、適切なデザイン戦略を策定できません。デザイン戦略が適切でなければ、適切なデザインを作成できません。したがって、経営ビジョンや経営戦略、デザイン戦略のいずれかに適切でないものが含まれていた場合、望ましいデザインの効果を得ることは難しいでしょう。

経営ビジョンを達成するために経営戦略を策定するというのは、一般的な中期経営計画策定の過程と同じです。したがって、すでに中期経営計画を策定されているのであれば、それに合わせたデザイン戦略を策定いただだいたら結構です。もし、中期経営計画をこれから策定する、あるいは今まで策定されていないのであれば、デザイン戦略と併せてこの機会に策定されてはいかがでしょうか。

中期経営計画の策定に関しては本書の内容から外れるため詳細は割愛させていただき、デザインの戦略的な活用に必要なことのみに絞らせていただきます。中期経営計画策定について詳しく知りたい方は中期経営計画に関する専門の書籍をご参照ください。

さて、デザインを戦略的に活用するためには、デザイナーの方にはより上位のフェイズから参画していただきたいところです。可能であれば、企業戦略の策定や事業戦略の策定のフェイズから参画いただくことが理想です。

理由は2つあります。1つは、より上位のフェイズから参画することで、デザイナーの戦略に対する理解度を高めて、より適切なデザインを制作できるようにすること。もう1つは、戦略的にデザインを活用するにあたって、デザインのプロであるデザイナーの意見を引き出しやすくするためです。

社内にデザイナーがいない場合は外部のデザイナーに依頼することになるのですが、実際に経営戦略策定の場に参画してもらうのは難しいかもしれません。どれだけの時間を拘束して、どれだけの対価を支払う必要があるのか明確にすることが難しいというのが企業側にとっての理由です。また、外部のデザイナー側の立場に立った場合、専門外である他社の経営についてまで関わる動機が弱いというのが理由です。

もし外部のデザイン制作会社の方に参画いただくことが可能であれば、営業担当者やディレクターのような折衝担当者ではなく、やはりデザイナー自身に参画していただいてください。デザインを戦略的に活用するにあたって、経営についてデザイナーの理解を深めることが目的だからというのが理由です。デザイナーが顧客対応をしないデザイン会社も多いかもしれませんが、デザイナー以外の担当者が参画する意味はあまりないと考えられます。

デザイナーといっても、グラフィックデザイナーやWebデザイナー、プロダクトデザイナーといった様々なデザイナーがいます。まず企業の価値を伝えるためにデザインガイドラインを作成しますので、グラフィックデザイナーの参画が理想です。商品の企画をするのであればプロダクトデザイナー、Webの重要度が高いのであればWebデザイナーといったように、必要に応じてそれぞれのデザイナーと早い段階で情報共有をして、意識のすり合わせを行うことが理想です。

経営ビジョンが明確であること

最初に経営ビジョンの設定を行います。経営ビジョンとは、**企業が目指す将来像**だとお考え下さい。一般的には3～5年後のありたい姿を設定することが多いです。

経営ビジョンには、売上高、利益額、利益率、市場シェアにおける自社の割合、事業ごとの売上高における比率、従業員数といった定量的なものと、市場でのポジション、ブランドイメージ、テレワークを導入するといった定性的なものの両方が考えられます。

経営ビジョンが明確であるということは、企業の経営において必要かつ重要なことです。経営ビジョンが明確でないと、現状とありたい姿とのギャップがはっきりしないため、その後の経営戦略、デザイン戦略、効果的なデザインの活用へと繋がりません。

当然のことですが、経営ビジョンは適切なものが求められます。売上が年を追うごとに下がっている状態で、V字回復する根拠も見込みもないにもかかわらず、5年後には売上が2倍、営業利益を5倍にするというビジョンを設定しても現実味がありません。そうなると、ビジョンを実現するためにデザインをどうすればよいか？　という問いに対する答えは、当然ながら存在しないことになります。

適切なビジョンを設定するには企業の外部と内部の環境分析が必要になります。外部環境は大きくミクロ環境とマクロ環境に分けられます。両者の間に明確な境界はありませんが、概ね自社のいる業界や市場をミクロ環境と呼び、顧客の動向や競合の動向といったことが該当します。ミクロ環境よりも大きな社会環境がマクロ環境です。政府の政策、経済動向や社会の動きといったことが該当します。

マクロ環境の変化がミクロ環境に大きな影響を与えるため、先にマクロ環境、そしてミクロ環境の順に分析をして、さらにマクロ環境がミクロ環境に与える影響を推測します。その後、自社の現状を分析した上で、今後の外部環境を踏まえて自社のありたい姿を検討します。

外部環境分析①（マクロ環境）

法律の施行や規制緩和、経済動向、人口動態や生活スタイルの変化、テクノロジーの進化といった、日本全体あるいは世界的な環境変化は、自社やクライアント企業を取り巻くミクロ環境に影響を与えます。その影響を考えるために、まずマクロ環境を分析します。

また、環境分析は現在のものを分析して終わりなのではなく、そこから環境が今後どう変わっていくかを推測する必要があります。現在の環境に基づいて5年後のビジョンを設定した場合、5年後には見事ビジョンを達成したものの、会社が5年後の外部環境に適さない状態になってしまっていたということもあり得るからです。

とはいうものの、現実問題として今後の外部環境がどのように変化するのか正確に予測することはできません。しかし、法改正や経済や社会の動き、技術の進歩において、およそ予想できることはいくつかあるかと思われます。今後、外部環境がどのように変わり、その変化が自社を取り巻く業界や市場に対してどういった影響を与えるかを可能な範囲で考えてみてください。

どういった点を検討する必要があるか、いくつか例示いたします。参考にしていただけますと幸いです。

政治面

政治動向、制度、法改正は、ニーズや市場の方向性、業界のルールそのものに大きな影響を与える可能性があります。

――政府の方針

その時々の政府の方針は、様々なニーズや業界の方向性に影響を与えます。例えば、2003年に当時の小泉政権が来日外国人を増やすために観光ビザの発給要件緩和や免除、免税ターゲット品の拡大や免税条件の緩和といった施策を行い、海外でのプロモーション活動に力を入れたことで、急激に訪日観光客数が増えたことはご存じの通りです。

それに伴って、観光、交通、宿泊、飲食、土産物、接客のための外国語学習に対するニーズも拡大しました。また、当初はインバウンドに対応していなかったものの、インバウンドニーズを取り込むため、新たにインバウンド市場に参入した事業者も多いのではないでしょうか。

その他、政府の方針は様々な補助金や助成金の支給、公的な支援機関の施策といった、企業に対する直接的な支援にも大きな影響を与えます。

――法改正・規制

企業経営に関連する法律の変更は、市場のルールそのものに影響を与える可能性があります。法改正によって規制が緩和されると、基本的に市場参入する企業の数は増えます。規制が強化されると新規参入する企業の数は減りますし、既存の企業も規制の影響で市場から退出することも考えられます。

例えば、自動販売機でタバコを購入する際にtaspo（タスポ）が必要になったことで、煩わしさからコンビニエンスストアでタバコを購入する人が増え、タバコの自動販売機のニーズが激減してしまいました。そのため、タバコの自動販売機を取り扱う業者の数も減ってしまいました。

法改正や規制は、ターゲットとなる市場や関連市場に対して直接的に大きな影響を与える可能性があるため、可能であるならば、自社の市場だけでなく、顧客の市場や関連市場に関わる法改正や規制についても留意しておきたいところです。

——海外の政治状況

マクロ環境は海外の状況も含みます。海外に進出している企業は言うに及ばず、海外に進出している企業と取引している企業であれば、当該国の政策の影響を間接的に受けるでしょう。

また、自国の経済発展のために海外企業を誘致する目的で、進出企業に対して税務面や滞在手続きの面など、様々な優遇策を講じることがよくあります。必然的に日本企業を優遇する国があったとすると、その国に対して進出する日本企業は増加します。その結果、競争環境が激しくなるかもしれませんし、付加価値の提供にあたって優位性を得るかもしれません。

日本企業を含めた海外からの投資を誘致するための経済特区の設置、関税や輸出入制限、FTA（自由貿易協定）やEPA（経済連携協定）を我が国と締結するのかどうかといったことが、当該国への進出や当該国企業との取引に影響を与えます。

経済面

景気動向、為替、株価、経済成長、消費動向といった経済面においての環境変化は企業活動や人びとの生活面に対して影響を与えます。そのため、市場の成長性やニーズに大きな影響を与える可能性があります。

――経済動向（国内・海外）

国内外の景気動向や経済動向の変化は、様々な市場のニーズに影響を与えます。例えば、景気が悪くなると広告宣伝費が削減されるため、広告関連のニーズに影響があります。発注そのものが減る、同じ内容でも値下げ交渉をしてくるようになるといった影響が考えられます。

また、経済動向は売上だけでなく、人材採用にも影響があります。景気が悪化すると、基本的に企業は人材採用を抑えようとします。ニーズ（採用枠）に対して供給（求職者）が大きくなりますので、企業側の採用は容易になり、採用条件も企業側に有利になります。逆に景気が良くなると、企業はより雇用を増やそうとするため、求職者が不足します。ニーズに対して供給が小さくなりますので、企業側は採用が難しくなり、採用条件は求職者側に有利になります。

経済動向によって様々な市場のニーズが左右されるというのはイメージしやすいかと思われますが、実際にどのように変化していくのかを考えることで戦略の精度と確度が向上するはずです。

――物価動向

原油を始めとした原材料の価格が高騰すると、ガソリンの価格が上がるといったように、原材料や人件費、輸送代金といった費用の増減は売価に影響を与えます。

我が国の場合、1980年代から現在までインフレ率は低い水準で推移しています。[1] その中でも、商品やサービスによって物価の変動には差があります。変動も5年や10年といった長いスパンでの動向と、2~3年といった短期間での動向によって違いが出ることも考えられます。

基本的に、需要（ニーズ）に対して供給が小さい場合は価格が上がり、需要に対して供給が大きい場合は価格が下がります。物価動向を考える時には、長いスパンで見て上がっているか、下がっているか。短いスパンで見て上がっているか、下がっているか。その動き方は動きが安定しているか、激しい動き方か。その要因はどういったことが考えられるかといった、動き方と原因まで考えることで、より予想の精度が向上します。

――消費動向

1　https://www.imf.org/en/Countries/JPN

消費にもトレンドがあり、ニーズの傾向と言い換えることができます。消費動向の変化は市場の環境に影響を与えます。

消費動向は将来の所得の見通しや、物価の見通しによって絶えず変化しています。内閣府では毎月調査していますが、経営において参考にするのであれば、短期的なトレンドなのか、長期的なトレンドなのかということを意識する必要があります。

例えば、消費税が増税される日の直前は駆け込みニーズで市場の動きは活発になり、増税後は反動で市場の動きは落ち込みます。しかし、こういった動きはその時だけの一時的なものなので、しばらくすると元に戻ります。短期的なトレンドとしてはニーズが増えるということになるかもしれませんが、長期的に見たら商品・サービスのニーズそのものが変化しているわけではないと捉えることができるでしょう。

社会面

第1章で人口や年齢分布の変化による影響に関して述べましたが、同様にインフラ、流行、社会的価値観やライフスタイルの変化は、市場の成長性やニーズに大きな影響を与えます。

社会的価値観の変化は恒久的な変化と一時の流行との両方が考えられます。また、変化の仕方も徐々に変わっていくケースと、大きな出来事をきっかけに急に変化するということが考えられます。

――社会的価値観の変化

世の中の様々な変化を受けて、人々の社会的価値観は変化しています。エリアごと、世代ごとといった属性によって変化の度合いも異なります。社会的価値観の変化はニーズに大きな影響を与えます。

例えば、若い世代にとっては、自動車を所有することがステイタスにならなくなったということが挙げられます。高いランニングコストを支払ってまで保有しようという動機がないため、自動車を買わなくなっている傾向にあります。個人での自動車の購入は減っている分、自動車が必要な時はカーシェアを利用するため、カーシェアのニーズは増えています。

自動車を買わなくなるということは、必然的にカー用品の購入も減っています。自動車を買わずにカーシェアを利用している人は、他のものに対価を支払う、あるいは貯蓄をしていることになります。自家用自動車およびカー用品のニーズが減った分、ニーズが増えている商品・サービスがあると考えられます。また、カーシェア市場が伸びているということで、新規にカーシェア事業に参入しようとする企業が現れるといったように、社会的価値観の変化によって、市場は様々な影響を受けます。

――ライフスタイルの変化

ライフスタイルの変化は人々の意識と行動に大きな変化をもたらし、その結果様々な市場に影響を与えます。

例えば、社会的に環境保護、環境保全をしなければいけないという意識が強くなっているといえるでしょう。それによって、他のものと比較して多少値段が高くても、環境に配慮した商品や無農薬・有機栽培の食品を購入する、環境保全活動をしている企業のサービスを選択するといった行動の変化が考えられます。

昭和50年代は、専業主婦世帯は共働き世帯の2倍近く存在していたのですが、平成に入ったころに数が逆転し、現在では専業主婦世帯は共働き世帯の半分近い割合になっています。共働き世帯が増えたことで、世帯ごとの家事に費やすことができる時間が減少し、中食のような家事の時間短縮に繋がる商品・サービスのニーズが増えました。

このように、ライフスタイルが変化することで、日常生活に関する消費、余暇に関する消費、スーツやビジネスシューズなどの仕事に対して行う個人の消費に関するニーズが大きく影響を受けます。

――仕事に対する意識の変化

年齢ごとに職場内の地位やライフステージが変わるため、仕事に対する意識も変わります。それとは別に、時代ごとの経済状況に対する見通し、社会的価値観の変化といった様々な影響から仕事に対する意識も変化します。

長時間残業やパワー・ハラスメント、アルコール・ハラスメントといった、以前であれば特に問題とされなかったことが問題とされるようになったり、出世よりもワークライフバランスを重視したりと、就業者の仕事に対する意識は変わりつつあります。

年配の方にありがちな「俺の時代は～」というのは意味がありません。過去の常識は未来の保証にはならないので、現状はどうであるという事実と、今後どう変化していくかという推測が必要です。

技術面

第1章でＡＩの影響について述べました。その他にもＩＴ技術、ＲＰＡ、知的財産といった技術面での変化は、競争環境における成功要因を変えてしまい、市場そのものに大きな影響を与えるということは、同じく第1章でクオーツショックについてご紹介した通りです。

技術の進歩や発展は、新たな商品・サービス、新たなニーズを生み出します。それによって既存の市場が縮小、消失してしまうほどのインパクトを与える可能性があります。

――新技術

新技術による影響として、既存の商品・サービスよりも機能的価値が高い商品・サービスの登場というのがイメージしやすいのではないでしょうか。その他にも、既存の商品・サービスをより安価に提供できるようになる、既存の商品・サービスより魅力的な代替品が現れるといったことが考えられます。

例えば、バッテリーが小型化したことで携帯電話も小型化することができ、携帯電話は一般に普及しました。デジタルカメラの登場により、フィルムカメラのニーズが激減してしまいました。さらに、スマートフォンのカメラの性能が向上したために、コンパクトデジタルカメラのニーズが減ってしまいました。小型化された携帯電話は、既存商品よりも機能的価値が高いものの提供です。デジタルカメラとスマートフォン搭載のカメラは、既存の商品の代替品だといえるでしょう。

新技術が安価であるほど、また導入するにあたっての敷居が低いほど、影響力は大きい、つまり広まるスピードが速く、広まる範囲も広いと考えられます。

――IT技術

スマートフォン、タブレットのような端末の普及、高速回線の普及といったインフラの整備によってビジネスのあり方は大きく変わりました。

インターネットの普及によって、簡単に遠方の人と打ち合わせを行うことができるようになりました。また、誰でも簡単にインターネット通販を行うことが可能になったことで、日本全国を商圏にすることができるようになりました。これらのように、インターネットの発展、普及の影響として、ビジネスにおける距離の概念が希薄になり、可能性が広がったといえるでしょう。

IT技術の発展は、利便性の高い新たな商品・サービスの登場を促すだけではありません。特別な設備や技術を持たなくても市場に参入できるようになったり、生産者が仲介業者を介さずに直接最終消費者に商品を提供したりと、ビジネスのあり方、ビジネスモデルそのもの、また従業員の働き方など、広範囲に対して大きな影響を与えます。

特にIT技術は発展のスピードが他の技術と比較しても速く、どの市場にどれだけの影響を与えるのか分かりません。そのため、今後どうなっていくかを推測するのは特に難しいのですが、いずれにしても常に動向を注視しておくべきだと思われます。

——知的財産

特許、実用新案、商標権、意匠登録といった知的財産にもトレンドがあります。特にＡＩやＩｏＴといった新たな技術が発展・普及すると、それらを使用したビジネス関連の発明の出願が増加します。知的財産のトレンドを掴むことで、技術開発動向の今後のイメージをしやすくなるでしょう。

個々の知的財産の申請を見ていくというのは、数を考えると現実的ではないので、特許庁のＷｅｂサイトで公開されている特許出願技術動向調査[2]や意匠・商標出願動向調査[3]といった情報をうまく利活用ください。

外部環境分析②（ミクロ環境）

自社のいる市場はもちろんのこと、サプライチェーンの川上と川下の環境変化も自社の戦略に大きな影響を与えます。また、マクロ環境の変化がミクロ環境に影響を与えるため、マクロ環境を分析したら、ミクロ環境がマクロ環境の影響を受けて、どのように変わっていくかを検討します。主にプラスの影響とマイナスの影響、どちらにもなりうる影響も考えられます。どういった点を検討する必要があるかをいくつか例示いたしますので、環境分析の際の参考にし

2 https://www.jpo.go.jp/resources/report/gidou-houkoku/tokkyo/index.html
3 https://www.jpo.go.jp/resources/report/gidou-houkoku/isyou_syouhyou-houkoku.html

てください。

既存市場への影響

マクロ環境の変化は、市場の規模、市場の成長度、顕在化されているニーズ、潜在的なニーズ、市場に参入している競合といったことに対してどのような影響を与え、それによって今後の市場はどのように変化していくと考えられるのかを検討します。

同じような規模の会社が多いと圧倒的な強者が生まれにくくなるため、一般的に既存業者間の競争が激しくなります。競争が激しい市場はそうでない市場と比較して売上を上げづらく、また広告宣伝費が余計に必要です。その結果、利益が小さくなる可能性があります。

新規市場に進出せず、同一市場のまま売上高を伸ばすのであれば、市場内の未開拓の顧客を開拓するか、競合から顧客を奪うことになります。市場の規模が大きいほど売上高の上限は高くなりますが、大きな市場ほど競合の数は多くなり、規模の大きな競合が存在する確率が高くなります。

市場が成長していたら、競合も新規顧客開拓に力を入れるでしょう。その結果、競争が激しくなることが予想されます。

逆に衰退している市場の場合、市場から退出する競合が現れます。競合が市場から退出すればその分だけシェアを伸ばせる可能性が出てきます。市場の縮小のスピードと競合の退出状況を鑑みて、市場にいつまで残るか、あるいはいつ見切りをつけて退出するかを決める必要があるでしょう。

買い手のニーズも市場の成長とともに変化します。できたばかりの市場であれば、買い手は自ら積極的に情報を求めるような層がメインになると考えられます。しかし、市場の成長とともに買い手の情報感度と購入への積極性は下がっていきます。

新規参入者への影響

法改正や技術動向といったマクロ環境の変化は、市場への新規参入者の数や属性、質といったことに対してどのような影響を与えるでしょうか。新規参入者は、どのような企業がどの程度増えると考えられるかを検討します。

市場の成長が期待できる、大きな利益が期待できるといった、企業にとって魅力がある市場は、必然的に新たに参入しようとする企業が多くなるため、市場内の競争が激しくなります。市場参入をするにあたって許認可や大型の投資が不要、業界の慣習が緩やかといったように、参入障壁が高くない場合であれば、参入障壁が高い市場よりも新規参入しようという企業は多くなるでしょう。

新規参入者と市場の成長率のバランスで、市場に参入している企業の売上は変わります。新規参入者が開拓する顧客の数以上に市場が拡大しているのであれば、市場に参入している企業の売上や利益は増える可能性があります。しかし、新規参入者が獲得する顧客の数よりも市場の成長率の方が低いのであれば、市場の奪い合いになるため、市場に参入している企業の利益が下がる可能性があります。

規制の緩和などによって新規参入する事業者は、一般的に既存事業者よりも質が低い事業者であることが多いと考えられます。顧客に対して既存の事業者よりも質の低い価値を提供する事業者が増えることで、既存の事業者も含めて、買い手は事業者全体に対する印象が悪くなる可能性があります。それを防ぐためにも品質の高さや、事業期間の長さを訴求する必要が出てくるかもしれません。

代替品への影響

フィルムカメラに対するデジタルカメラのように、より付加価値や利便性が高い代替品の市場参入によって、買い手が既存の商品・サービスに対して感じていた魅力を失い、市場が縮小するということが考えられます。

現在市場に存在していないものを予想することは極めて難しいため、新たに市場に登場した商品・サービスの代替品となる可能性やシェアの拡大を検討すると分かりやすいのではないでしょうか。

既存の商品・サービスと比較して、買い手にとって代替品の費用対効果やスイッチングコストはどのように考えられるでしょうか。また既存商品の寿命が長いほど、簡単に代替品に乗り換えにくくなります。そういった条件を比較した結果、代替品によって既存市場が奪われる可能性はどのように考えられるかを検討します。

売り手への影響

マクロ環境の変化は、直接の仕入れ先を含めたサプライチェーンの川上に対してどういった影響を与えるでしょうか。

プラスの影響として考えられることとしては、技術革新によって部材の価格が下がるため、仕入れ費用が下がるといったことが考えられます。もちろん、それによってまた他の影響も表れると思われるのであれば、どこにどのような影響が表れるかを検討します。

逆にマイナスの影響として考えられることは、原材料価格の高騰や原産地国の政情の変化によって仕入れが難しくなるといったことが挙げられます。原材料や部材の安定的な仕入れを自社だけで解決できないのであれば、製造にかかる費用の増加や、場合によっては事業そのものの存続を検討する必要があるでしょう。

買い手への影響

マクロ環境の変化は、直接の顧客を含めたサプライチェーンの川下に対してどういった影響を与えるでしょうか。

ある商品の市場が拡大した場合、部材を提供している企業はニーズが増えることが考えられます。逆に、市場環境が変わって商品が売れにくくなった場合、商品を製造している企業が利益を担保するために、仕入れ先の企業に値引きを要請することが考えられます。それがサプライチェーン全体に連鎖することが予想されます。

いずれにしても、商品ニーズの変化はサプライチェーン全体に何らかの影響を及ぼします。買い手からの受注の増加といったポジティブな変化と、他社に乗り換えられるといったネガティブな変化の両方が考えられます。

内部環境分析

外部環境の変化を踏まえ、自社のありたい姿を設定します。そのために経営資源と経営資源を活用するための仕組みにおいて、何が競争優位性を生み出しているのか、あるいは苦手としているのかを分析します。

企業が買い手に付加価値を提供するにあたって様々な活動を行います。まずは、企業活動において、どこが付加価値を生み出す源泉であり、どこが競争優位の源泉となっているかを明確にします。その上で、それらを今後も維持できるのか、今後はどこを強化すべきかを検討します。

事業において、企画、調達、生産、販売、アフターフォローといった様々な活動を行っていますので、付加価値の提供に関係する全ての活動をリストアップしてください。思いつくままに挙げるよりも、付加価値を創出して提供するまでの順番を考えるともれなくリストアップしやすいでしょう。

例えば、自社で商品を企画して卸売業者に提供している製造業であれば、商品企画、材料調達、生産、営業といった活動をしているはずですし、システム会社のようなサービス業だと、プロモーション、提供、アフターフォローといった形になるでしょう。

一連の活動をリストアップしたら、それぞれの活動において付加価値を生み出す源泉になっているか、希少性はどうか、模倣困難性はどうか、活動をするための組織体制はどうかということをそれぞれ検討します。

付加価値を生み出しているのであれば、人によるものなのでしょうか、設備によるものなのでしょうか、あるいは会社組織としてのノウハウによるものでしょうか。中小企業の場合は属人的なスキルに頼ることも多いですが、スキルを持った従業員が辞めたら提供している付加価値が下がってしまうというようであれば、可能な限り組織のスキルにしておきたいところです。

また、付加価値を生み出していたとしても、ありふれた能力や技術によるものであれば、競合との競争において優位性を得られません。

希少性が高かったとしても、競合が容易に模倣できるのであれば競争優位性を維持するのは難しいでしょう。例えば、近隣の競合が持っていない設備を持っていることで優位性を得ているのであれば、競合も同じ設備を導入することで優位性は失われてしまいます。

付加価値を生み出し、希少性があり、模倣が難しい条件が揃っていたとしても、付加価値を生み出し、提供できる組織体制になっている必要があります。さもなければ、買い手に対して付加価値を提供できないといった宝の持ち腐れや、競合との競争において不利になる危険性があります。

また、現在は付加価値を生み出し、希少性や模倣困難性、組織体制の条件を満たしていても、今後は環境の変化によって必要な条件が変わる可能性があります。もし、外部環境が変わったとしたら、今後はどういった付加価値の源泉が必要か、希少性と模倣困難性を維持するためにどうするか、組織体制はどういったものが妥当であるかということを検討します。

経営ビジョンの設定

内部と外部の環境分析に基づいて、経営ビジョンを設定します。3年後か5年後のありたい姿を設定することが経営計画策定においては一般的ですが、環境の変化の激しさや、企業の事情に応じて何年後のビジョンを設定するのかを決定してください。

KGI（Key Goal Indicator＝重要目標達成指標）、あるいはKPI（Key Performance Indicator＝重要業績評価指標）として落とし込みができるように、可能な限り定量的な目標にすることが望ましいです。

社会に貢献する、顧客に高い満足を提供するといった定性的なことをビジョンとすることが悪いわけではありませんが、定性的なビジョンでは達成度合いや進捗が分かりづらく、具体的な行動への落とし込みも難しくなります。定性的な目標を設定するのであれば、達成度合いを定量化できる手段も併せて検討する必要があります。例えば、「アンケートの結果、○％の人が企業のイメージに対して望ましいと回答すること」といったことになります。

設定する内容は企業によって異なりますが、いくつかをリストアップしましたので参考になれば幸いです。

企業レベル	ドメイン、売上高、利益額、利益率、事業所数、ブランドイメージ、ポジション、組織体制……など
事業レベル	（いずれも事業ごとのもの）売上高、市場シェア、取引先数、ブランドイメージ、ポジション……など
経営資源	従業員数、設備、キャッシュフロー状況、教育……など

経営戦略が妥当であること

目指すべき経営ビジョンを達成するために、相応の経営戦略が必要となります。経営戦略はいくつかの階層に分かれており、一般的には企業戦略、事業戦略、機能戦略の3つに分けて考えることが多いです。デザイン活用においては、企業戦略と事業戦略を立案し、その後にデザイン戦略の立案になります。デザイン戦略を立案したら、それを機能戦略に反映させる流れとなります。

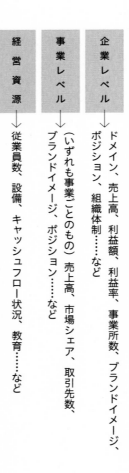

経営戦略に関して、多くの学者が様々な理論を提唱しています。注意しないといけないのは、多くの経営学者が主に研究ターゲットにしているのはサンプルを得やすい大企業であって、中小企業を研究して提唱している理論ではないかもしれないということです。

もちろん、大企業と中小企業の両方に当てはまる理論やフレームワークもあります。しかし、大企業を研究して生まれた理論をそのまま中小企業に当てはめるのは、経営における前提条件が異なるために不適当であることも考えられます。

したがって、中小企業は中小企業の特徴を把握し、強みを生かせる中小企業のための戦略が必要です。

では、大企業と比較して中小企業の特徴とはどういったものなのかを改めて考えてみたいと思います。一般的に中小企業基本法第2条で定める範囲を中小企業の定義とすることが多いですが、同法では中小企業と大企業を分ける基準は資本金と常時使用する従業員数となっています。つまり、企業の規模が小さいことの特徴を考えればよいでしょう。

規模が小さいということは、外部環境の影響を受けやすいということです。大型の客船とモーターボートとが海に浮かんでいたら、波や風の影響で大きく揺れるのはモーターボートの方です。しかし、モーターボートは大型客船よりも小さい分、小回りが利くといったメリットもあります。つまり、組織が小さいために外部環境の影響を受けやすい反面、大きな企業よりも戦略から現場のオペレーションレベルまでの施策を一貫させやすく、速やかな対応を取りやすいともいえるでしょう。

企業戦略

企業戦略で検討することは、ドメイン（事業を行う領域）の設定と経営資源の配分です。ドメインを言い換えると、「誰に対して、どのような価値を、どのように提供するのか」となります。ドメインが適切でなければ、どのような事業を行ったとしても、またどのような現場の改善や効率化を果たしたとしても、効果は限定的です。

また、自社の持つ能力を生かせる戦略であることが必須です。ドメインを設定することで市場と競合が決まります。自社が成長するためには、能力を生かして高い付加価値を買い手に提供し、競争を回避する、あるいは競争に勝ち抜く必要があります。

市場の環境は常に変わります。市場環境が変わったとしても普遍的にニーズのある付加価値もあれば、ニーズがなくなってしまう付加価値もあります。それらを見越してドメインを設定します。

単一の市場に事業を展開していて、経営資源の全てを投入しないといけないのであれば、他の事業を行うことはできません。しかし、半分の経営資源で市場シェアを維持できるのであれば、同じ市場により経営資源を投入して市場シェアを拡大するか、あるいは別の事業に残った経営資源を投入するかといった選択肢が増えます。このように、どの事業にどれだけの経営資源を投入するかの判断を行います。

中小企業は大企業と比較して経営資源に乏しいため、設定したドメインに対して可能な限り効率的な経営資源の配分を行い、効率的に経営を行う必要があります。

効率的に経営を行うためには、まず適切な市場、つまりドメインの「誰に」が適切である必要があります。もし「誰に」が適切でなければ「何を」を適切に設定することができません。「誰に」「何を」が適切でなければ「どのように」提供したとしても、意味がないことは前述した通りです。

既存の市場で理想的な経営を行うことが難しいのであれば、条件に合う新たな市場を開拓する必要があります。

なお、中小企業にとって理想の市場は、次の3つの条件を満たせるものだと考えられます。

①高い付加価値を提供することで大きな利益を得ることができること
②競合がいない、あるいは極めて少ないこと
③大企業にとっては小さな規模であること

それぞれについて説明いたします。

①高い付加価値を提供することで大きな売上を得ることができること

中小企業にとって、売上を向上させるには不可欠な条件です。「売上＝客数×客単価」ですから、売上を向上させるためには、たくさん売るか高く売るかということになります。たくさん売ろうと思ったら、その分の仕入資金、販売チャネル、人員といった経営資源を必要とします。しかし、大量の経営資源を活用した付加価値の提供というのは企業の規模が大きいほど有利です。したがって、資源が乏しい中小企業が大量仕入れ、大量販売というのは現実的ではありません。

そのため、売上を上げるためには高く売る必要があります。したがって、低価格なものしか

購入しようとしない買い手に対してではなく、高い付加価値に対して、高い対価を支払ってくれる買い手をターゲットにする必要があります。

さて、商品1販売単位あたり、あるいはサービス提供1回あたりの利益を大きくするにあたって、いくつかのパターンがあります。中小企業にとってはそれぞれ適切か不適切かを考えてみてください。

A 販売価格を上げて費用を減らす
B 販売価格を上げて費用はそのまま
C 費用を増やしつつそれ以上に販売価格を上げる
D 販売価格はそのままで費用を減らす
E 販売価格を下げつつそれ以上に費用を下げる

A、B、Cが適切、DとEは不適切になります。いずれも利益は増えるのですが、利益の増やし方が異なるため、中小企業にとって妥当かどうかが異なります。

A　販売価格を上げて費用を減らす

販売価格が上がるために利益が増え、費用が削減されることでも利益が増えるため、5つのパターンの中で一番利益が大きくなる可能性があります。5つのパターンの中では最も理想的です。

B　販売価格を上げて費用はそのまま

費用は据え置きで販売価格が上がるということは、販売価格が上がった分だけ利益が大きくなりますので、もちろん適切です。

C　費用を増やしつつそれ以上に販売価格を上げる

費用が増えても、それ以上に販売価格が上がったので、利益も大きくなりますので適切です。取扱商品を高額なものに変更するのは、主にこのパターンに該当します。

D　販売価格はそのままで費用を減らす

費用を下げた分だけ利益が増えることになるので一見適切のようにも思えますが、費用削減には限界があります。安く生産するということであれば、少量よりも大量に生産する方が費用削減に繋がります。そのため、規模の大きな企業や海外の人件費の安い国の企業の方が有利なため、中小企業にとっては選びにくい選択です。

E 販売価格を下げつつそれ以上に費用を下げる

費用を下げるということはDと同様ですが、こちらの方がより費用を削減する必要があるのでDよりも実現性はさらに低くなります。

A、B、Cが理想だといっても、これらのパターンを選択できていない企業は相当多いのではないでしょうか。例えば、受注生産を行っている製造業において、同一顧客との取引期間が長くなるほど単価を下げる要請が強くなります。値下げ要請に対して費用を下げて対応する大変さ、難しさというものを、製造業の方であればよくご存じだと思われます。販売単価が下がり、費用はそのまま、あるいは頑張って費用を削減しても利益を維持できるほどの費用削減は難しいというのが現実なのではないでしょうか。

基本的に、一度下げた単価は元には戻りません。つまり価格を下げる要求に対して頑張って応えたとしても、さらに価格を下げる要求をされるだけで、頑張りがいずれ報われるというのは望めないでしょう。

また、価格層ごとに買い手の性質は異なります。基本的に低価格を求める層ほど、物事を決定する判断基準において価格の優先度が高くなります。そういった低価格を求める買い手から高い利益を得ようと考えるのは、買い手の志向とマッチしていないため無理があるでしょう。販売価格を上げると顧客が離れてしまう可能性があります。

価格というのは売り手が最低この金額でないと売れない金額と、買い手が最高この金額までしか出せない金額の間で決まります。

売り手の最低金額は費用が基準になることもありますし、競合が設定している価格があるため、合わせざるを得ないといったこともあるでしょう。

買い手の最高金額は複雑で、期待する価値と払える価格とのバランス、社内の決裁権者の認識といった様々な要因が絡むものと考えられます。

A、B、Cのいずれにおいても、販売価格を上げるためには提供する付加価値を価格相応まで高める必要があります。高めるべき付加価値は、機能的価値と情緒的な価値の両方が考えられます。しかし、より高い対価を支払う顧客層にターゲットを変えたとしても、競合と機能的価値で競争をすることになると、その価格帯の中で価格競争に陥ってしまう点にご留意ください。

②競合がいない、あるいは極めて少ないこと

基本的に、同一市場内における競合の数と売上高は反比例するため、競合は少なければ少ないほど良いといえます。市場に自社しか存在しなければ、買い手の選択肢は「自社から購入する」あるいは「購入しない」の２つしかありません。しかし、競合が１社存在すると、買い手の選択肢は「自社から購入する」「競合から購入する」「購入しない」の３つに増えます。つまり、自社が競合がさらに増えると、それに合わせて買い手の選択肢も増えることになります。買い手に選択される可能性が減るということです。

さらに、競合がいない場合は、買い手の購入を促すための活動を自由に行うことができます。もし、同一市場内に競合が存在するならば、競合の動向に自社の行動が制限される、あるいは競合に合わせて望ましくない行動を取らざるを得ない状況が発生します。

例えば、競合が広告宣伝を強化した場合、対抗するために広告宣伝を強化せざるを得ない状況になることもあり得ます。また、競合が商品・サービスをより安価に提供すると、顧客を競合に奪われないように追従せざるを得ず、結局価格勝負になってしまう危険性があります。

そのため、競合がいない、あるいはいたとしても極めて少ない市場が望ましい市場といえま

す。しかし、競合の数は少ないものの、競争しても勝てないのであれば、理想的な市場とはいえません。

また、市場に競合がいない場合は市場において自社が市場のルールを決めることができ、自社の提供している商品やサービスがスタンダード化しやすくなります。競合が参入しようとした場合、スタンダードに合わせた上でそれ以上のものが求められるため、市場に参入しづらくなります。結果として、自社のポジションが揺るぎにくいものになります。

③ 大企業にとっては小さな規模であること

中小企業が開発した商品を大企業に模倣されたということもたびたび起こり得ます。デザインの模倣、仕様の模倣、内容の模倣など、模倣といっても色々ありますが、せっかく頑張って開発したにもかかわらず、大企業が模倣をして、大量生産をして安価に販売されると中小企業では歯が立ちません。

模倣をしづらくする、模倣された時のダメージを減らすなど、対策には色々考えられます。前者の場合は特許出願や意匠登録といった知的財産権による保護、後者は裁判といったことが考えられるでしょう。いずれにしてもいえることは、模倣を完全に防ぐこと、受けた損実を完全に取り戻すことは難しいということです。

模倣への対策として、大企業にとっては規模が小さいために、無理に参入する意義を感じない規模の市場に絞るということが考えられます。

規模の大きな市場は多くの企業が参入したがる市場です。市場規模が大きければ大きいほど、規模の大きな企業も参入しようとします。売上高が3億円の企業にとって、果たして何百億円、何千億円、何兆円といった規模の市場が必要でしょうか？

例えば、市場規模が10億円だったとしても、売上高が3億円の企業からすると売上高を3倍にする余地があります。競争をしても勝てない大企業を含めた競合がたくさん存在する1兆円の市場よりも、大企業が参入しない、競合の少ない10億円の市場の方が安全に効率良く売上を伸ばせるのではないでしょうか。

市場の規模が小さいということは、大きな市場と比較して広告宣伝費が少なくてすみます。広告宣伝や販売促進に対する費用が少なくなるということは、その分利益が大きくなります。

また、大企業の戦略である、大量生産した同一商品の提供は、市場内の顧客ごとのニーズの差に対して細やかな対応が難しくなります。それに対して規模の小さな市場の場合、顧客のニーズがより明確であり、個々の顧客のニーズが近しいものになるため、大きな市場と比較して、より高い満足を提供しやすくなります。

大企業が広い対象に対して60点、70点の商品・サービスを提供するのに対し、特定のニッチ市場のユーザーに80点、90点の商品・サービスを提供することが可能になります。その結果、顧客がロイヤルカスタマー化しやすくなり、さらに大企業から市場を守りやすくなります。

自社が成長して現在の市場が手狭になってきたら、また新たな市場を創出することになります。単に新たな売上を求めてということだけでなく、複数の市場に展開する方が、リスクが分散されるために経営の安全性が高まります。

新たに創出する市場について、既存市場とのシナジー効果を求めるか、経営上の安全性を求めるかといったことは、経営上の判断と今後のビジョンに基づきます。いずれにしても、中小企業にとって理想の市場の条件に合致することが求められます。

市場を創出する

理想の市場が都合良く存在していればよいのですが、現実にはなかなか難しいでしょう。そのため、他の企業とは異なる切り口で市場を細分化し、理想の市場を創出する必要があります。

新しく創出した市場に対して、経営資源や企業の体制を特化させることで、この市場に特化したより高い付加価値を提供することが可能になります。なお、提供する付加価値は、特定の従業員の属人的な能力に基づいたものではなく、組織能力によるものの方が企業にとっては望ましいです。それによって、独自のポジションのより一層の強化が見込まれます。

市場を絞ることで取扱商品も絞ることができることが一般的です。原価（仕入原価、製造原価）の削減や棚卸資産の削減、管理費用の削減といったことも期待できます。

また、先行した企業は後から参入する企業と比べて経験がありますので、より効率的な商品・サービスの提供が可能です。高い付加価値を効率的に提供することによって、より利益の向上が図られます。得られた利益を経営資源に再投資することによってさらなる経営基盤の強化を図ることが可能になります。それらを繰り返すことで、仮に新たな参入者があったとしても、競争優位性を維持しやすいため、市場内における地位が揺るぎにくくなります。新たに参入しても勝ち目がないとなれば、参入しようとする企業は減り、ますます新規参入しづらい市場になるでしょう。

市場の創出という手法として著名なものにW・チャン・キム、レネ・モボルニュ両教授によるブルー・オーシャン戦略が挙げられます。要素を「減らす」「取り除く」ことで費用の削減を行いながら、価値を「増やす」、新たな価値を「付け加える」ことで、競争の激しい環境（レッド・オーシャン）から競争のない未開拓の市場（ブルー・オーシャン）を切り開くという戦略は、確かに競合のいない市場を創出できる可能性が高いでしょう。

しかし、新たな市場から十分な売上の柱となるだけの規模まで成長させるためには、相応の経営資源と期間を必要とします。それだけの経営資源を中小企業が有しているか、また市場を成長するまで耐えられるだけの体力を中小企業が有しているのかという点が懸念事項として挙げられます。

資金調達を行うにあたり、金融機関からの融資、ベンチャーキャピタルでの投資といった調達方法が考えられます。ブルー・オーシャン市場を創出するという戦略から生み出される売上や利益は未知数であり、その成功確率も未知数であるといえるでしょう。金融機関の担当者や投資家も同様であり、現実的には十分な融資や投資を受けられないことも考えられます。

一定の売上を上げることができる市場であると判断すれば、市場に参入しようとする事業者が現れます。市場に魅力があればあるほど、競合も参入する動機となります。その上で模倣が容易、特別な資源を必要としないといった、参入障壁が低い市場であれば、結局レッド・オーシャンになってしまいます。実際、ＬＣＣ、ネット生保といった、最初はブルー・オーシャン市場だったものの、後発企業の模倣によりレッド・オーシャン市場になってしまった例はいくつもあります。

したがって、中小企業にとって競合のいない、あるいは極めて少ない市場を創出するにあたっては、ブルー・オーシャン戦略よりも、すでにある市場を適切にセグメンテーションして、ニッチな市場を創出する方が安全性、事業の成功の確度において高いと考えられます。

市場の絞り方のヒント

複数の基準を組み合わせて、自社の強みを生かせる独自性の高い市場を創出するにあたって、どのように絞り込めばよいのか、いくつかのヒントを提示いたします。

企業を取り巻く環境はそれぞれですので、適切な絞り方は企業によって異なります。今までよりも細かく、あるいは競合がしていない基準で絞り込めないか考えてみてください。

――地域を絞る

第一に地域を絞るということが考えられます。絞り込んだ該当地域のニーズに特化することで、地域で一番の存在を目指します。

通常、ターゲットとなる地域が大きくなるほど、買い手のニーズの幅の違いが大きくなります。そうなると、個々の細やかなニーズには対応することが難しくなってしまいます。特定の地域にターゲットを絞ることで、買い手のニーズの幅を小さくし、ニーズへの対応をしやすくすることが狙いです。

また、買い手との物理的な距離が近くなりますので、顧客を訪問するタイプの事業であれば、訪問にかかる時間や費用が抑えられます。また、ターゲット地域が絞られるということは、宣伝広告費も抑えやすくなります。

――ターゲットを絞る

他には、ターゲットを絞るということも考えられます。ショートカット専門の美容院、鍼灸院専門のＷｅｂ制作会社、高齢者専門の音楽教室といったように、本来ならどのようなターゲットでも対応できるところを、あえて特定のターゲットに絞り込み、そのニーズに特化します。

絞り込んだターゲットに対するスキルやノウハウを得ることで、ターゲットに対して提供する付加価値がより高まり、競合に対して競争優位性を得ることになります。ターゲットを絞った場合は、基本的に商圏は拡大します。

――商品・サービスを絞る

その他の絞り込み方として、商品・サービスを絞るといったことも考えられます。商品の品揃えで大型店舗には勝てませんが、スポーツタイプの自動車専門の中古車販売店といったように、一部の商品に特化することで、特定カテゴリーに関してはどこにも負けない品揃えにすることも可能になります。金属加工でも特に微細な部品に特化、曲面の加工に特化といったように、事業者向けの事業であっても絞り込むことが可能です。これも基本的に商圏は拡大します。

事業戦略

事業戦略では、顧客の満足度を向上させるための方向性の決定と競合に対する競争優位性の確立を図ります。

顧客の満足度を高めるためには顧客のニーズを把握しておきたいところです。しかし、ニーズには顕在的なものと潜在的なものの2種類があります。顕在的なニーズは競合にとっても把握しやすいため、必然的に競争をしなくてはいけない可能性が高いでしょう。しかし、潜在的なニーズであれば、競合に先んじることもできるかもしれません。ただし、買い手自身も認識していないニーズですので、営業活動は大変かもしれません。

また、商品を開発するにあたって、いつの時点のニーズなのかということが重要なポイントになります。現在のニーズに基づいて商品を企画し、1年の期間をかけて開発して市場に投入したら、1年前のニーズに基づいて商品を販売していることになります。特にファッション市場のようなニーズの移り変わりが激しい市場だと、1年後にはニーズが大きく変わっていることもあり得ます。

競合に対する競争優位性とは、あくまでも相対的なものです。市場がちゃんと設定されないと、どういった競合がどれだけ存在しているのかが分かりません。競合が設定されないと競争優位があるのかどうかも分かりません。

環境分析のフレームワークで有名なものにSWOT分析がありますが、相対的な評価ではなく、自社が得意なことを強み、苦手なことを弱みとして分析する使い方をされることがあります。自社が得意であったとしても、競合がもっと得意であればそれは比較劣位になってしまいます。逆に、特別得意というわけではなかったとしても、競合ができないことであるならば、それは比較優位となります。

何が自社にとって比較優位性であるかということをきちんと相対的に評価をしないと、競合に対して劣っているところで勝負を挑むことになりかねません。そうなると、せっかくの頑張りが報われないということになってしまいます。

強みとなる要素はなにも技術力だけではありません。独自の調達ルートや独自の販路を持っているといった、付加価値向上や売上向上に繋がることは強みと考えてもよいでしょう。

しかし、注意しないといけないのは、現在の強みがずっと強みとして維持できるかどうかは分からないということです。

例えば、特許を取得した技術を強みにしてきたというのであれば、特許権が消失すると強みを失ってしまいます。特殊な技術やノウハウを持っている従業員がいることが強みだということであれば競合も模倣は難しいでしょう。しかし、その従業員が退職したら強みが失われてしまうことになってしまいます。

強みは一定期間以上維持する必要があります。もし、3年後の経営ビジョンを設定しているのであれば、3年後まで強みを維持できているか、あるいは3年後には他の強みを持つことができると考えられるかといった点も考慮する必要があります。もちろん、設定したビジョンが3年後ではなく5年後であったとしても、それ以上だったとしても同様です。

現実問題として、競合と比較して特に優位な点がないということは十分に考えられます。そういう場合は、顧客が自社を利用している理由を考えてみてください。顧客に付加価値を提供している源泉がありますので、その点を軸に考えてみてください。せっかくなので、これを機会に比較優位性を構築していきましょう。比較優位性は、デザインとは関係なく、企業として経営を行っていくにあたって必要なことです。

また、市場が限定されているほど、伸ばすべき能力や得るべきノウハウも限定されますので、実現可能性が高まります。こういった点を考慮しても、やはり中小企業は市場を絞る必要があるといえるでしょう。ただし、何度もお伝えしているように、価格勝負にならないよう、可能な限り競合と同じベクトルに向かわないようにご留意ください。

経営戦略に基づいたデザイン戦略であること

本書でも「デザイン戦略」という言葉を使用していますが、経営戦略や企業戦略とは異なり、「デザイン戦略（デザイン・マネジメント）」という単語に一般的に共通の認識を持たれているような定義はありません。本書では**「誰に対して、どのような目的で、どのようなデザインに**

するかを決めること」という意味で使用しています。

経営において効果的にデザインを活用するにあたり、まず企業自体のポジショニングを明確にし、クリエイターと共有する必要があります。その手順は以下の通りです。

1. 具体的な競合と代替品をリストアップする
2. 想定しているターゲットの選択基準を決定する
3. 2軸図を作成する
4. デザインにおけるガイドラインを作成する
5. 想定しているターゲットとの接点をリストアップする

具体的な競合と代替品をリストアップする

最初に行うことは市場における競合と代替品を明確にすることです。買い手が商品・サービスを選択するにあたって、自社、競合商品、代替案の中から何らかの基準を持って選択することになります。そのため、市場において競合や代替案とのポジションの違いを明確に打ち出すことが必要であり、デザインはその際に大きな力となります。

市場におけるポジションは競合や代替品と比較した相対的なものと、自社が買い手からどう思われたいかということの両方を考える必要があります。そのため、直接の競合となる相手と代替品をリストアップします。市場に競合がいるものの、代替品が存在しないといったことも考えられます。そういった場合には代替品のリストアップは不要です。

例えば、ビジネス街で開業している飲食店は周囲の飲食店が競合になります。その他にもコンビニエンスストアで昼食を買う人もいますので、コンビニエンスストアも競合に該当します。社員食堂がある会社の従業員の場合は、社員食堂も競合になります。では、代替品にはどんなものが考えられるでしょうか？　家から持ってくる弁当、出勤途中で何か買ってくる人もいるでしょう。それらは代替品だと考えられます。

買い手にとって自社以外の選択肢にはどういったものが考えられるかをリストアップすることが目的です。したがって、何が競合に該当して、何が代替品に該当するのかということを厳密にする必要はありません。このたとえであれば、ターゲットとしている近隣のサラリーパーソンが自分の店以外で調達するのであれば、どういったことが考えられるのかということを認識し、リストアップすることが重要です。付け加えると、昼食を食べないという人もいるでしょう。こういった人にも来店してほしいと考えているのであれば、リストアップします。

どこまでリストアップするのか、どれだけリストアップするのかということに関しては明確な基準はありません。リストアップした結果、数が多いようでしたら、明確に競合になっている相手や代替品として考えられるものに絞り込んでもよいでしょう。

リストアップする際には色々な角度から検討してください。特に代替品に関しては、全く異なる業界や商品・サービスが該当する可能性があります。

想定しているターゲットの選択基準を決定する

買い手が自社、競合、代替品の中からどれかを選ぶとしたら、どういった基準でしょうか？基準として考えられるものをリストアップしてください。基準は業種によって大きく異なります。例えば、飲食店だったら味、価格、利便性、店の雰囲気、メニューの豊富さといったことが考えられます。金属加工の会社であれば、品質、価格、納期、無理を聞いてくれるか、専門性、営業担当者の対応といったことが考えられます。

可能であれば、複数ある売り手の中から、買い手は何を基準に選んでいるのかということをアンケートによって確認するのが理想です。しかし、業種や業態によってはアンケートの取得が難しいと考えられます。その場合は仮説に基づいて選択基準をリストアップすることになります。

選択基準をリストアップしたら、それらを精査します。次のフェイズは自社と競合、代替品のポジションの見える化をするために2軸図を作成するのですが、その2つの軸を決めるための作業です。

「伝統的／革新的」のように、それぞれに価値があるものを基準として選択する必要があります。技術力のように高いほど良い、価格のように安いほど良い、納期のように早いほど良いといった、どちらか一方が良くて、もう片方が悪いという基準は除いていきます。

企業の置かれている状況はそれぞれ異なりますので、2軸図を作成するにあたっての絶対的な基準は存在しません。ただ、全ての企業に共通していえることとして、情緒的価値は概ね選択基準として適切で、機能的価値は不適切だといえます。機能的価値を基準にしてしまうと、機能的価値で比較することになってしまうからです。また、誠実な対応かそうでないか、素早い対応であるかといった、ビジネスであれば当然のことは基準としてふさわしくありません。

機能的価値ではなく情緒的価値を持って差別化し、情緒的価値をデザインによって伝えるにあたり、ポジショニングの基準となる軸は非常に重要です。慣れないとなかなか出てこなかったり、イメージしづらかったりすると考えられますが、大切なポイントですのでしっかりと検討してください。

参考までに、どういった基準が考えられるかをリストアップします。この中から選ぶのではなく、あくまでもこれらを参考にしながら、どのような基準が考えられるかを検討してください。

消費者向け製造業

ターゲット、製造している商品の特徴、商品の幅（商品カテゴリーの数）と深さ（単一カテゴリー商品におけるアイテム数）といったことが企業のポジションを決める大きな要素になると考えられます。

適切な例→伝統的／先進的、男性向け／女性向け、普段使い／特別な時に使用する、専門性が高い／使用できる場面が多い……など

不適切な例→価格、品質・スペック・機能・効果といった機能的価値……など

消費者向けサービス業

ターゲットの幅、サービスの幅に加えて、日常的に満足を得るもの、あるいは特別な満足感を提供するものかといった買い手の利用頻度や場面といったことが企業のポジショニングを決める大きな要素になると考えられます。

適切な例→専門特化／幅広い対応、男性向け／女性向け、普段使い／特別な時に利用する、店内の雰囲気……など

不適切な例→価格、品質、効果、対応の柔軟性、誠実さ、丁寧さ、立地……など

事業者向け製造業

消費者向け商品よりも合理的な理由で選択されがちです。そのため、買い手にとって機能的価値以外で合理的な選択基準となることが理想です。

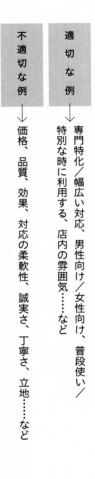

適切な例
↓
専門特化／幅広い対応、伝統的／先進的、一般的な商品／独創的な商品……など

不適切な例
↓
価格、納期、品質、対応の柔軟性、誠実さ、丁寧さ……など

事業者向けサービス業

事業者向け製造業と同様に、消費者向け商品よりも合理的な理由で選択されがちですので、買い手にとって機能的価値以外で合理的な選択基準となることが理想です。

適切な例
↓
専門特化／幅広い対応、伝統的／先進的、全国対応型／エリア特化型……など

不適切な例
↓
価格、納期、品質、対応の柔軟性、誠実さ、丁寧さ……など

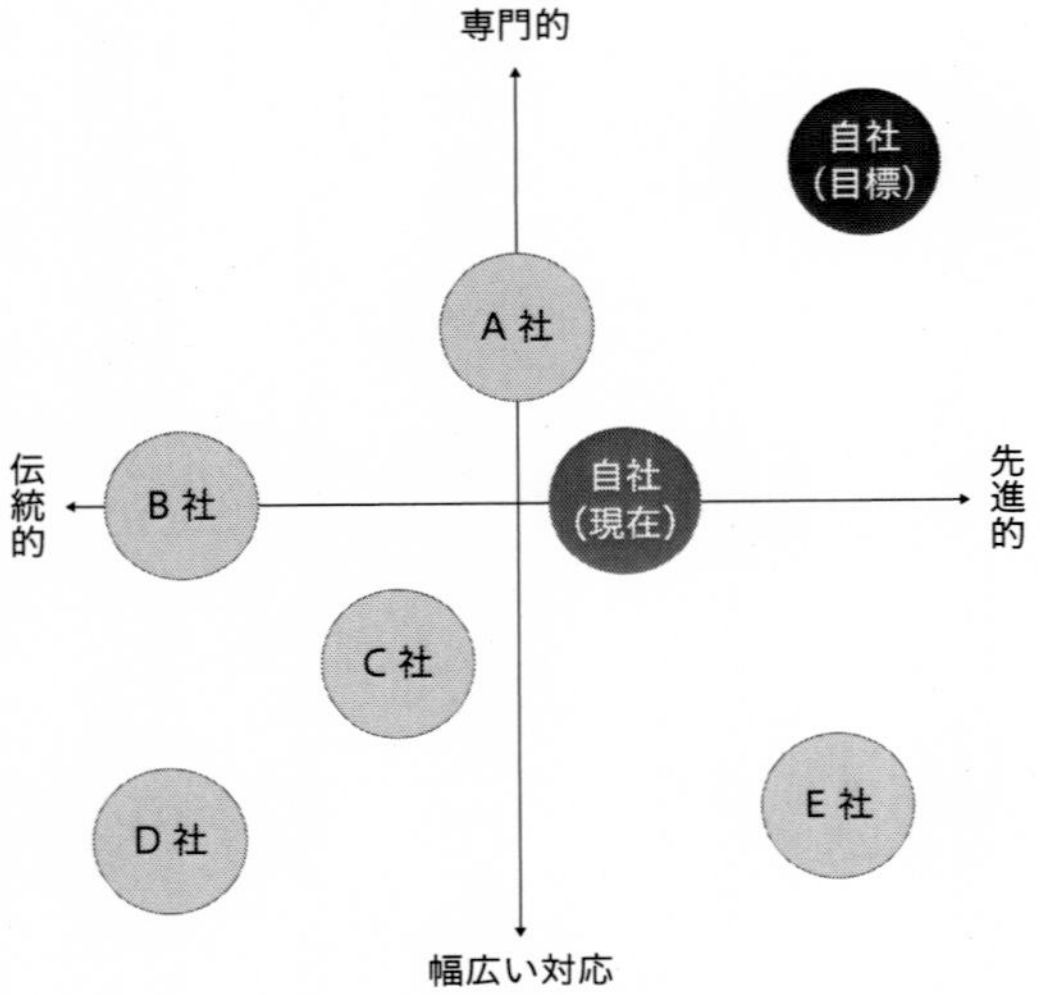

「2軸図のイメージ」

2軸図を作成する

選択した基準をもって2軸図を作成します。自社と競合とのポジションを明確にし、従業員やクリエイターに対してそれぞれのポジションを伝えられるようにすることが目的です。なお、縦軸と横軸に意味や重要度の違いはありません。

2軸図上で自社のポジションを確認し、配置してください。その際に、現在のポジションと新たな戦略に基づく目標となるポジションの両方が必要です。その後、同様に競合と代替品を配置してください。第三者の意見や複数の人の意見を取り入れるなどして、可能な限り客観的に判断して配置してください。

２軸図上の配置で競合や代替品と離れているほど、選択した基準において差別化ができていることになります。自社が競合や代替品と近いポジションにいるのであれば、差別化ができていません。また、真ん中に近いポジションほど選択した基準において特徴が弱く、いずれかの四隅に近いほど特徴的なポジションであるといえます。

もし、独自のポジションが取れないのであれば、戦略から見直す必要があります。必要に応じて企業戦略、事業戦略に立ち戻り、独自のポジションを占めることができるように検討し直してください。

ポジションが近い状態でデザインを変更して差別化を図ろうとしても、あまり効果は期待できないでしょう。

デザインにおけるガイドラインを作成する

自社のポジションに基づいて企業としてのデザインにおけるガイドラインを作成します。ガイドラインは、自社の提供する付加価値を体現するにあたって、ビジュアル面での指針となるものです。

ガイドラインで定めなければいけないことは以下の通りです。これらの他にもシンボルマークやキャラクターなど、必要なものがあれば定めます。

■ロゴマーク
■コーポレートカラー
■使用フォント
■これらの使用に関するルール

想定しているターゲットとの接点をリストアップする

ターゲットが自社、自社の商品やサービス、およびそれらについての情報に触れる可能性のある接点をリストアップします。

マスメディアの広告、公共施設や街の中、ＷｅｂサイトやＳＮＳなどのインターネットメディア、営業担当者による営業活動、提示会や勧業展など、ターゲットや事業内容によって様々なものが考えられます。周知、訴求において現在どのような活動を行っているでしょうか、今

	消費者向け事業	事業者向け事業
店舗型	店舗（内装・外装）、制服、Webサイト、ショップカード、チラシ…など	店舗（内装・外装）、制服、名刺、Web サイト…など
非店舗型	Web サイト、名刺、会社案内、チラシ、制服…など	Web サイト、名刺、会社案内、パンフレット…など

後はどのようなことを行っていく予定でしょうか？

その後、それぞれの接点において使用するツールを検討します。例えば営業担当者が営業先を訪問したら、一般的には名刺交換を行うでしょう。会社案内、パンフレットも渡すのではないでしょうか。どのようなものを使用するか、色々考えられると思われますが、その中で実際に使用するものをリストアップします。

上表に例を提示しますので参考にしてください。他に自社で実際に使用しているもの、使用の予定、あるいは使用を検討しているものがあれば、それらもリストアップしてください。

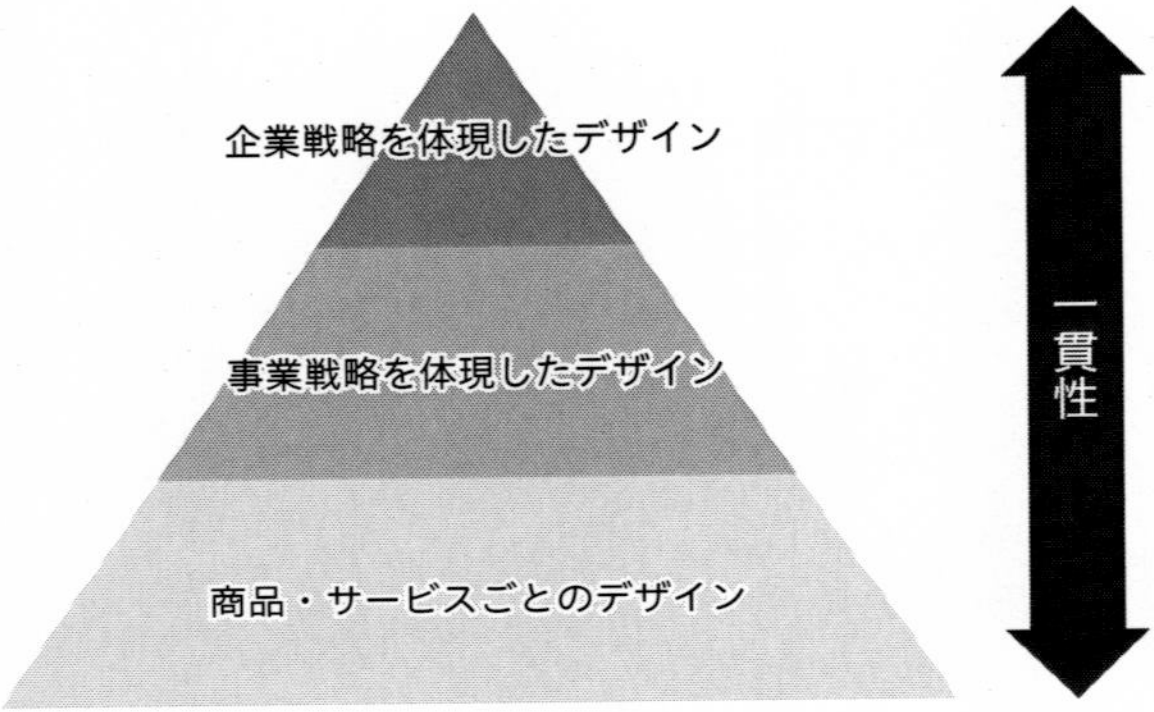

デザイン戦略に基づいて、デザインを全体最適化する

製造業において、TQM（Total Quality Management）というものがあります。現場レベルの部分的な品質向上ではなく、トップダウン型で全社的に品質向上を目指すものです。同様に、使用するデザインに関しても、デザインのガイドラインに基づいてTotal Design Managementというべき全体最適化を行います。

デザインの全体最適化とは、企業のドメインや提供する付加価値といった、企業の戦略を体現したデザインがあり、事業ごとの戦略を体現したデザインがあり、個々の商品・サービスごとのデザインという、企業の戦略から実際の商品・サービスに至るまでの全社的な一貫性がある状態です。

デザインの最適化を行うには、企業戦略から実際のオペレーション（商品・サービスやプロモーション、従業員の行動など）に至るまで、一貫性が必要です。

例えば、高所得者をターゲットにラグジュアリーな商品を提供している企業であれば、商品だけでなく店舗も高級感が必要ですし、価格に応じたホスピタリティが従業員に求められます。買い手との接点となる「もの」「こと」の全てにおいて、企業戦略に基づいた一貫性がなければ企業としてのブランドイメージや既存商品のブランドイメージを棄損してしまうからです。同様に、企業としての戦略、事業としての戦略から実際の商品に至るまで、デザインの方向性に一貫性がない場合も、企業としてのブランドイメージや既存商品としてのブランドイメージを棄損してしまいます。

デザインを全体最適化している企業の例として、無印良品、ＭＵＪＩなどのブランド名で様々な商品やサービスを展開している良品計画があります。シンプルなデザインに対してファンの方も多いのではないでしょうか。取り扱っている商品は文房具や生活用品、家に至るまで様々なものがありますが、商品のみならず店舗、Ｗｅｂサイトやチラシに至るまで、いずれも一目で良品計画のものであることが分かるデザインとなっています。

良品計画は大企業だからデザインの全体最適化ができるのではないかと思われた方もいらっしゃるかもしれませんが、むしろ反対です。柔軟な対応や物事の徹底を図るのであれば、規模の小さい企業の方が規模の大きな企業よりも容易です。そのため、デザインの全体最適化に関しても、大企業よりも中小企業の方が徹底させやすいと考えられます。

さて、方向性の一貫性というのは、単に見た目のテイストを揃えるということではありません。市場において、競合や代替品と比較した時に、ポジショニングを反映し、適切な印象を買い手に与えるデザインであるということです。それを事業で活用する全てのデザインにおいて徹底します。これがデザインの全体最適化です。

ラグジュアリーブランドを展開している企業が、新規事業として安価なブランドを立ち上げるとなったら、ブランド名を変えるというのが経営戦略上のセオリーです。ブランド名と同様に、デザインも安価なブランドとラグジュアリーブランドとが同じテイストではいけないということは、どなたもご納得いただけるでしょう。

デザインを効果的に活用するための注意事項

本章の最後に、デザインを効果的に活用していただくにあたっての注意事項について述べますので、ご参考ください。

デザインにおける定量的な目標を設定する

経営戦略におけるＫＧＩやＫＰＩに基づいて、デザインにおける定量的な目標を設定することが必要です。効果の測定ができるようになるため、ＰＤＣＡサイクルによる管理が行いやすくなります。

例えば、商品パッケージをリニューアルするのであれば、売上個数増加数が成果の目安になると考えられます。Ｗｅｂサイトであれば問い合わせ件数の増加件数、パンフレットのデザインであれば、変更後の営業担当者の成約率といったことが考えられます。

しかし、売上やブランドイメージのように、デザインの影響なのか、それとも他の要因の影響なのか、変化の要因を特定しづらいものがあります。そういった場合は、デザインが変わったことによる印象をアンケートによって取得するといったような、可能な限り定量化、見える化をしてください。

また、デザインするものによって効果が表れる時間が異なりますので、デザインの変更の成果を判断できる時期が異なることにご留意ください。例えば、ロゴ、名刺、Ｗｅｂサイトといった経営戦略レベルのデザインは、効果が表れるまでどうしても時間がかかる傾向にあります。それに対して商品やパッケージ、チラシは比較的早く効果が判明する傾向にあります。

何を目標として設定すればデザインの効果を測定でき、企業の経営面において寄与するのかは状況によって異なりますが、運用しながらご検証ください。

デザイナーに発注する際の注意点

実際にデザイン制作するにあたって、内製する方法と外注する方法の２つがあります。もし社内に制作できる人がいなければ、必然的に外注することになります。検索サイトで検索をすれば多くのクリエイター、デザイン会社がヒットしますが、クリエイターを探す際のよくある悩みごととして、誰に依頼したらよいのか分からないというものがあります。

クリエイターを探している企業のために、クリエイターとのマッチングをしてくれるような公的機関もあるのですが、いずれの方法でクリエイターを探すにしても、デザイナーに依頼をしたら戦略的なデザインの活用ができるということではありません。その点に関しては本書を読んでいただいて、ご理解いただいていると思います。

デザインとは価値を創出し、価値を伝えるものであることをお伝えしてきました。言い換えると、デザイナーにデザイン制作を依頼する目的は、価値を創出することと価値の伝達です。デザイナーがそれらを行うためには、クライアント企業側の意図と目的をきちんと共有しておく必要があります。

よくある勘違いとして、クライアント側のイメージしているものがあって、自分で作るとクオリティが低いからデザイナーに頼むと思われている方がいらっしゃいます。また、自身がイメージできないのであれば、とりあえず作ってもらってから意見を言うということもよくあります。

これらは、「デザインとは審美性を高めるものである」「デザインとは表面的なもので本質的なものではない」という思い違いが原因であると考えられます。

こういった依頼の仕方をするとまず間違いなく失敗します。失敗というのは、担当者の好みの綺麗なデザインができ上がったものの、売上に結びつくような効果がないということです。

レトルトのカレーを生産しているメーカーが新商品のパッケージを制作するというのをイメ

ージしてください。パッケージに求められるデザインとは、店舗の棚に陳列されている時に、次の３つの条件を満たすデザインです。

①買い手に対して競合の商品との違いを伝えること
②買い手に対して商品の付加価値を正しく伝えること
③買い手に実際に購買してもらうこと

プロですから、依頼をすればレトルトのカレーらしいパッケージのデザインを作ってくれるでしょう。しかし、単にレトルトのカレーらしいパッケージでは競合との違いが買い手に伝わらず、独自の価値を伝えられません。その結果、デザインが実際に購入してもらうための役割を高い確率で果たせないと考えられます。

また、依頼する側は、企業や商品のポジション、商品の自社内での位置づけといった条件が変わると、それに合わせて必要なデザインが変わりうることを認識しておく必要があります。さもなければ、デザイナーに対して適切なオーダーができませんし、提示されたデザインに対する判断の軸を持てないことになります。

そうなると、制作会社としてクリエイティブの品質が納品レベルを超えたものを制作するということしか目標になるものがありません。依頼側も判断軸がない状態でデザインを判断しようとすると、自分の好みに合うかどうかになってしまいます。

メーカー側の担当者の好みに合っているデザインであるかということは、買い手が判断する際において何の意味も持ちません。「商品のパンフレットを見ても全く商品に興味は湧かないけど、担当者の好みを反映したデザインのようだから問い合わせてみよう」なんて誰も思わないはずです。

もちろん、対価を支払っている以上は、自分の気に入らないデザインよりも気に入ったものを作りたいと考えるのは当然のことです。しかし、本来の目的を忘れてしまっては本末転倒です。

デザインを提示された時点で本来の目的がどこかへ行ってしまい、好みに合うかどうかという点で判断するということがよくあります。繰り返しになりますが、担当者個人の好みは、デザインを判断するための基準においてプライオリティは低いという点に留意しつつ、あくまでも目的を達成することができるかどうかという点で判断するようにしてください。

デザインの判断

提案されたデザインの判断は非常に難しいです。こういうところを確認すれば大丈夫ですと言えるようなものはありません。とはいうものの、デザインの判断は必ず行うものです。

まずは、デザインのコンセプトの説明を求めてください。どういう意図でレイアウトしたのか、なぜこの色彩なのか、なぜこのフォントを使用しているのか、それらがなぜ自社の提供する付加価値を買い手に伝えることに繋がるのか、競合との違いが買い手にちゃんと伝わることに繋がるのか、デザイナーはちゃんと説明ができるはずです。説明ができないのであれば、そのデザインでは不十分であるといえるでしょう。

また、可能な限りデザインの確認は複数で行うことをお勧めします。一人でデザインの確認をするよりも、他の従業員の方も含めて複数の目で確認する方が、より客観的な見方ができるはずです。

確認する担当者も、デザインの良いと思う点と悪いと思う点を論理的に説明ができることが理想です。慣れていないうちはどうしても個人の好き嫌いで判断しがちですので、確認を行う担当者それぞれが論理的に判断するよう留意して、個人の好みを可能な限り排除した上でデザインの判断をするようにしてください。

論理的に判断をすることができるようになれば、デザイナーに対して行う修正依頼がより的確なものになるでしょう。依頼する企業側とデザイナー側の双方が論理的にデザインを判断できるようになると、制作にかかる期間も短縮できる上、デザイナーからの提案の質が向上するでしょう。その結果、デザインによる成果も上がりやすくなることが期待できます。

第4章まとめ

- デザインを戦略的に活用するためには、適切な経営戦略が必要である。
- 中小企業は中小企業に適した市場の設定が必要である。
- デザインの成果を測るために、デザインにおける目標値を設定する必要がある。
- デザイナー側が企業の戦略について認識が弱い場合は、効果的なデザインを制作できない可能性が高い。
- デザイナーから提示されたデザインの判断において、判断する担当者の個人的な好みを判断基準にしない。

Coffee break

頭の体操がてら、お時間のある時に次の質問について考えてみてください。普段から意識することで、思わぬビジネスチャンスが見つかるかもしれません。

Q1／マクロ環境が今後どう変わるか考えてみてください。政治面、経済面、社会面、技術面のそれぞれを、自社に関係すること1つずつでもよいので、お考えください。

Q2／マクロ環境の変化が自社のいる市場にどのような影響を与えることが考えられるでしょうか。良い影響、悪い影響を最低1つずつ挙げてみてください。

Q3／現在の市場は、本書で示した理想の市場と比較していかがでしょうか？理想と合致していないのであれば、どういった点でしょうか。

Q4／買い手や取引先の接点として、どういったものが考えられるでしょうか。

Q5／買い手や取引先との接点のデザインは妥当なものでしょうか。改善の余地があるならどういった点でしょうか。

第5章 制作物別のポイント

デザイン制作にあたって

デザイナーにデザインを制作依頼するにあたって、いくつかの注意事項をお伝えしました。デザインするものによっては、使用シーンや使用する期間など、個別に考慮しなければいけないポイントがあります。

企業がよく使用する次の5つのものについて、デザインを発注する前にどういったことを考慮する必要があるのか、デザインに対して判断をするにあたって、どういったことを考慮する必要があるのかを説明いたします。

1. ロゴマーク
2. 名刺
3. 会社案内
4. Webサイト
5. パッケージデザイン

デザインの変更を検討される際に参考にしていただけますと幸いです。

ロゴマーク

ロゴマークとは、シンボルマーク（図形）とロゴタイプ（文字）を合わせたものです。企業そのものを表すものであるため、名刺、会社案内、Ｗｅｂサイト、封筒、プレゼン資料といったように、様々なところで使用されているはずです。

一般的には、使用するスペースの都合によって使い分けができるように、シンボルマークとロゴタイプが左右に並んでいるものと、上下に並んでいるパターンの２種類を制作することが多いのではないでしょうか。

ロゴマークのデザインに関して、どういったことを考慮する必要があると考えられるでしょうか。

今後の戦略

外部環境の変化を考慮して経営ビジョンを設定するということは第4章でお伝えした通りです。そして、戦略的にデザインを使用するためには経営ビジョンから企業戦略、事業戦略、そして実際のデザインまで一貫性が必要だとお伝えしてきました。したがって、ロゴマークも今後の戦略を鑑みたデザインが求められます。

例えば、子供向け教育事業をやっている企業が、生涯学習のニーズの高まりから、今後は高齢者向けの習い事に関する事業を新たに展開することを検討しているとしましょう。対象年齢が広がりますので、子供向けであることをイメージさせるようなロゴマークだと戦略とマッチしなくなります。

その他、海外進出をするのであれば、形状や色彩に対するイメージが我が国とは異なる可能性があるため、進出する国の文化風習を鑑みる必要があるでしょう。

なお、今後の戦略の変更に伴うもの以外にも、事業承継を行ったことをきっかけに新たなイメージを打ち出していきたい、といった理由によってロゴマークを変更することもあります。

使用する場所・場面

様々な場面で使用するため、大きく印刷することもあれば、小さく印刷されることもあるでしょう。状況によってはカラーで作ったロゴマークを白黒で使用するかもしれません。色数が多いデザイン、あるいはグラデーションを多用しているデザインだと、小さく使用される際や白黒で印刷された際に、不明瞭になってしまう可能性があります。

使用する色の数は少なく、シンプルで明確なデザインの方が、小さく表示される際や白黒で印刷されるといった、状況の変化に対応しやすいものになります。予想される使用場面を、予めクリエイター側に伝えておいた方がよいでしょう。また、デザインのチェックの際には縮小表示や白黒での表示、茶封筒のような白以外のものに印刷した場合のチェックも行う方がよいでしょう。

使用する期間

ロゴマークは基本的に何年もの間にわたって使用するものです。したがって、その時の流行りを取り入れると、何年か経過した際に、時代遅れな印象や、古めかしい印象を与えてしまう可能性があります。

伝統的であることや歴史を感じさせることと、古臭い印象や前時代的な印象というのは違います。どういったデザインはどれぐらいで古臭く感じるかというのは作った時には分からないかもしれません。しかし、基本的にシンプルなものである方が寿命は長いと考えられます。

名刺

名刺は名前と連絡先が分かればよいという認識の方も多いかもしれませんが、プロモーションツールとして捉えると、チラシやパンフレットといった他のプロモーションツールと比べて受け取ってもらえる確率、読んでもらえる確率が格段に高いツールといえるでしょう。名刺はビジネスを行う上で必ずといっていいほど使用するツールですから、デザインにも気を配る重要性は高いと考えられます。

名刺のデザインに関して、どういったことを考慮する必要があると考えられるでしょうか。

渡す相手

名刺を渡す対象は、もちろん色々な方が考えられるのですが、その中でも主対象として考えているのは誰でしょうか？　相手によって与えたいイメージが変わるのであれば、必然的にデザインも異なるはずです。

例えば、保険会社の個人向けの営業担当者であれば、名刺を渡す相手は一般個人の方ですし、法人向けの営業担当者であれば、名刺を渡す相手は企業の方です。相手が異なるのであれば、必然的に与えたいイメージも変わる可能性があります。一般家庭向けであれば特に親近感を与えたいかもしれませんが、企業相手であれば親近感よりも信頼感を与える方がよいかもしれません。そうなると、同じ企業であっても名刺のデザインを変える必要はないでしょうか。

提供する付加価値

同じ車のディーラーであっても、一般的な普通乗用車を取り扱うディーラーと、1台1000万円を超えるような高級車のディーラーであれば取り扱う商品、つまり提供している付加価値は異なります。実際に高級車のカタログは、きちんとした製本がされていて原価が1000円近くかかっているものもあります。つまり、自動車の価格を反映したものになっているわけですが、名刺のデザインについても、提供する付加価値を反映させる必要があります。

提供する価値は高低で表せるものだけではありません。例えば江戸時代から続いているしょうゆメーカーと令和になって登記されたＡＩ企業とでは、提供している価値の方向性が全く異なるわけですから、名刺のデザインも方向性が同じであったらおかしいはずです。

掲載する情報

一般的な名刺のサイズは91㎜×55㎜となっています。片面ではなく両面を使用すると面積は2倍、２つ折りの名刺にしたらさらに2倍の面積になりますが、いずれにしても大きさには制限があります。その中で、どのような情報を掲載するか、情報の優先順位をどうするのかによってデザインは変わります。

重要な要素であるほど大きくする、目立つようにするといったあしらいになりますし、優先度が下がるほど小さくする、さほど目立たなくするといったあしらいになります。例えば写真を載せるのであればある程度の大きさになるでしょうし、「再生紙を使用しています」という文言であれば、さほど重要ではないために小さくてよいでしょう。他の情報次第では、なくてもよいかもしれません。

横書きの名刺であれば左上から右下に向かって、縦書きの名刺であれば右上から左下に向かって視線が流れますが、視線の流れと掲載する情報の重要度を鑑みた配置になります。

会社案内

会社のことを知っていただくツールとしてはＷｅｂサイトがあります。常に最新の情報に更新できるというのは印刷物である会社案内には難しいことです。また、スペースに制限はありませんし、動画や音声も使用できます。そのままお問い合わせしていただくことも可能です。では、会社案内には存在理由がないのかというと、決してそんなことはありません。Ｗｅｂサイトとは異なり、必要な情報をその場で提供すること、相手と同じものを見ながら話をすることができます。

こういった特徴を生かした使い道をするために、会社案内をデザインする際にはどういったことを考慮する必要があるでしょうか。

渡す場面

会社案内を相手に渡す場面にはどういったことが考えられるでしょうか？　営業のために相

手先企業を初めて訪問した時、勧業展に出展した時、就職説明会といった、主に渡す相手と初めて直接のコンタクトを取った時がメインになるのではないでしょうか。そういった場面では、自社のＷｅｂサイトを見ていただく時間がないことが多いため、会社案内が利用される場面の一つだと考えられます。

どういった場面で会社案内を渡すのかを検討してみてください。渡す場面によって掲載すべき情報とそれらの優先順位も決まってくるはずです。優先順位に則ったデザインが求められます。

見る相手

会社案内を見る人は誰でしょうか？　渡す場面が変わると、必然的に渡す相手も変わりますが、会社案内を渡す相手が見る相手とは限りません。訪問した相手先企業の担当者に渡したとしても、最終的に何らかの判断をするために会社案内を見る人は別にいる可能性もあります。

例えば、機械設備やシステムの営業であれば、現場の担当者は会社案内よりも商品の中身の方に興味があるでしょう。しかし、購買決定者となる経営層であれば、商品そのものよりも信頼ができるか、取引をして大丈夫かといった情報を得るために会社案内を確認するでしょう。

会社案内を見て何らかの判断をする人は誰でしょうか。その人はどういった情報を求めているのでしょうか。そして、その情報をきちんと伝えるためのデザインが求められます。

掲載する情報

繰り返しになりますが、渡す場面、見る相手が変わると、相手が知りたい情報や伝えるべき情報が変わります。相手が知りたいことでなければ、どれだけ力を入れて情報を掲載しても、相手にとっては価値のない、ただの模様でしかありません。

例えば、取引を検討している相手であれば、今後の取引をするにあたって安定性や信頼性が判断できる情報、期待する付加価値を提供してもらえるのかを判断するための過去の実績といったことが知りたいのではないでしょうか。それに対して、就職を希望している人であれば、今後自分が働く環境として安心して働けるか、労働環境はどうか、社内の雰囲気はどうかといったことが知りたいはずです。

したがって、相手によっていくつかの会社案内を使い分けてしまうというのも方法の一つです。あるいは、基本部分は共通の情報を掲載していて、相手によって添付する資料を変えるといった使い方も考えられます。

いずれにしても、見るべき相手が見た際に知りたい情報が掲載されていることが必要です。

そういった情報がちゃんと相手に伝わるデザインであることが求められます。

Webサイト

WebサイトはTVや雑誌などの広告、チラシのような多くの宣伝媒体とは異なり、能動的にアクセスしていただく必要があります。検索サイトで検索をする、バナーをクリックする、QRコードを読み込むといったように、閲覧者は何らかのアクションを経てWebサイトに訪問することになるため、訪問時には大なり小なり何らかの興味を持っているという特徴があります。

Webサイトの特徴を鑑みると、どういったことを考慮する必要があると考えられるでしょうか。

自社のプロモーション戦略上の位置づけ

様々なプロモーション活動を行う上で、Webサイトはどういった役割を負っているでしょうか？　取引相手に安心してもらうための会社案内、取扱商品のカタログ代わり、商品の販売をする店舗代わりといったように、企業や業種によって位置づけは異なり、位置づけの違いはデザインに影響を及ぼします。

例えば、飲食店や美容院、不動産、中古車・中古バイクといったものであれば、有名なポータルサイトがあるため、買い手はそちらで検索して問い合わせるはずです。そうなると、個々の企業のＷｅｂサイトは買い手への訴求よりも金融機関や求職者に対して安心感を高めるためのものといった位置づけになるかもしれません。

必然的にターゲットと伝えたい内容が変わると、デザインもそれに応じて変わることになります。

閲覧者と閲覧環境

事業者向けなのか消費者向けなのかといったことでデザインが変わるということはイメージしやすいかと思われますが、相手のインターネットやＰＣに対するリテラシーもデザインに影響します。

書籍ならば、基本的に最初から順番に読んでいただくことを想定した情報提供の流れになっていると思われますが、Ｗｅｂサイトの場合は見るものでありながら操作するものでもあるため、閲覧者がどのリンクをどうクリックして、Ｗｅｂサイト内をどのように移動するのかを鑑みた情報の設計が必要となります。インターネットに慣れているリテラシーの高い人なら大丈夫なことも、リテラシーの低い人なら欲しい情報にたどり着けないといったことも十分考えられます。

また、閲覧者によってＷｅｂサイトを閲覧する環境が異なります。ＰＣで見るならばＷｅｂブラウザですが、全画面表示をしている人もいれば、ある程度の幅で表示している人もいます。ＰＣでもデスクトップＰＣとノートＰＣとでは画面のサイズが異なります。その他、タブレット端末やスマートフォンで閲覧する方もいらっしゃいます。それらも考慮したデザインが必要です。

その他、Ｗｅｂサイトならではの注意点があります。Ｗｅｂの制作会社であれば、実際の閲覧環境に近い環境でラフデザインや実際のデザインを見せてくれるでしょう。しかし、広告代理店の場合だと、担当者の知識が少ないと紙にプリントしてデザインを見せてくれる可能性がありますそういった相手にはＷｅｂの制作を依頼するのは不適当なのではないかというのが個人的な意見です。

一般の会社にある複合機やプリンターでは、表示範囲や色など、実際の環境で見たらどうなるかということをちゃんと再現することができません。ユーザーが閲覧する状況（あるいはそれに近い環境）でないとデザインを正しく判断することが難しいという認識がない企業が、効果的なＷｅｂサイトを制作することができるのでしょうか。

実際の画面で見せながら、比較ができるようにプリントもしている場合はむしろ良い対応です。あくまでも、デザインの確認をプリントしたもののみで行うということが不適当だということです。

ターゲットの誘導

デザインからはややテーマがずれますが、Ｗｅｂサイトは能動的にアクセスしていただく必要があるというのは前述した通りです。ターゲットをどうやってＷｅｂサイトへ誘導するのかといったことも検討する必要があります。

よく言われるのがＳＥＯ対策ですが、検索件数がある程度以上のワードでなくては対策の意味がありません。潜在的なニーズ、全く新規の商品やサービスであれば、別の誘導方法が必要です。

ＷｅｂサイトだからといってＷｅｂから誘導しないといけないとは限りませんので、Ｗｅｂ

サイトはプロモーション戦略上の位置づけを鑑みながら、ターゲットをＷｅｂサイトに誘導する手段をご検討ください。

パッケージデザイン

特に消費者向け商品だと、店頭で商品の存在を認知することも多いため、店頭での訴求におけるパッケージの役割は大きいです。商品のパッケージのデザインを作成するにあたって、どういったことを考慮する必要があると考えられるでしょうか。

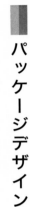

自社の戦略上の位置づけ

市場における企業のポジションや、競合と比較した商品のポジションがデザインに影響を及ぼしますが、商品が自社内でどういった位置づけにあるのかによってデザインは変わります。例えば、定番商品なのか、期間限定商品なのかといったことでも必要なデザインが変わる可能性があります。定番商品であれば、時代の流行に左右されにくく、飽きにくいデザインが求められるでしょう。しかし、期間限定商品であれば商品の寿命が短いため、ほとんどの商品においてそういった配慮は不要でしょう。例えば、夏季限定商品であれば、季節感のないオーソドックスなものよりも、夏っぽさが伝わるデザインの方が訴求力は高いと考えられます。

流通経路・販売される場面

どういった場面で販売されるのかによってもデザインは変わります。店舗で販売される商品であれば、買ってもらうために買い手に対して商品の価値や競合商品との違いをパッケージで訴求する必要があるでしょう。しかし、インターネット通販専用の商品であれば、買い手は手元に届くまで商品のパッケージを見ないことが多いのではないでしょうか。つまり、パッケージを見て購買意思決定を行わないので、競合商品との違いや価値をパッケージで訴求する意味は弱いかもしれません。しかし、審美性が強みの商品であれば、パッケージのデザインにもこだわることが企業としてのブランドイメージにも繋がる可能性があります。

商品にも競合が多いものと少ないものがあります。元々市場の競合の数が少ないケースもありますが、店舗が同種の商品を絞って仕入れるケースもあります。例えば、スナック菓子やインスタントラーメンは非常に種類が多いですが、和菓子は菓子ごとに1つないし、数種しか店舗で取り扱っていないケースが多いです。もし、スーパーマーケットに行く機会があれば見てみてください。カップラーメンは様々なメーカーの多くの商品が陳列されていますが、桜餅や栗饅頭といった和菓子類はそれぞれ1種あるいは2種程度しか取り扱っていないはずです。店舗においては競合商品と比べられないため、パッケージデザインにおいて競合との差別化を訴求することは、あまり求められないでしょう。

商品の形状や大きさ、店舗側の取り扱い方によって陳列のされ方も異なります。棚の中でも目に入り見やすく手に取りやすい位置であるゴールデンゾーンに陳列されると売上増加が期待できます。陳列される場所が、棚の上の方と下の方とでは買い手に見える面が変わることもあります。

また、同じ商品であっても条件によって陳列のされ方が変わります。典型的なものとして書籍が挙げられます。本棚に並ぶにあたっては基本的に背表紙しか見えませんが、新刊やベストセラー、注目度が高いものであれば平置き（平積み）してもらえて買い手に表紙全体を見てもらうことができます。

顧客の種類

誰が買うのかということでもデザインは変わります。例えば、一般の消費者向け商品と事業者向け商品とではパッケージに求められる情報が異なりますので、必然的にデザインも異なります。

例えば、防水性や気密性を保持するために目地や隙間に充填するシーリング材にはシリコン製、ウレタン製、アクリル製といった様々な種類があります。プロであればそれぞれの特徴を把握し、適材適所で使用することができるでしょう。事業者向け商品のパッケージには、主に付加価値や信頼性を伝えるデザインが求められます。

それに対して、一般の消費者であればシーリング材に対する知識がなく、素材の種類を言われても分からない人の方が圧倒的に多いと考えられます。したがって、家庭での補修に使用するシーリング材のパッケージであれば、素材の種類よりもどういった場面で使用できるものであるかを訴求することの方が優先順位は高いでしょう。成分に関してはパッケージの成分表示に記載しておくだけでよいかもしれません。使用するのはプロではない一般消費者ですから、成分よりも自分でも簡単に修繕できるようなイメージを伝える必要があると考えられます。

おわりに

経済産業省と特許庁は2017年7月にデザイナーや学者、経営コンサルタントなどの有識者による、「産業競争力とデザインを考える研究会」を立ち上げました。11回にわたる議論を進め、その結果を2018年5月23日に**「デザイン経営」宣言**として公表しました。[1]

これを皮切りにというわけではありませんが、デザイン経営に関する書籍も数多く出版され、インターネット上でもデザイン経営に関する話題が増えてきたように思います。

しかし、「デザイン経営（デザイン・マネジメント）」に未だ明確な定義はありません。したがって、各々がそれぞれの基準を持ってデザイン経営について語られているといえるでしょう。今がまだデザイン経営の黎明期であるとしたら、それも仕方のないことかもしれません。

また、その内容は概念的なものであること、対象企業の規模や実現性をどの程度考慮しているのか不明であるということがいえます。そのため、デザイン経営を実践するために、すぐに何か具体的な行動を取ることが難しいことも間違いないでしょう。

そういった中、経営において戦略的にデザインを活用するための方法論が必要ではないかと思い、書籍として発表させていただくことにいたしました。

1　https://www.meti.go.jp/press/2018/05/20180523002/20180523002-1.pdf

デザイン経営とは何かということを定義しようというつもりはありませんし、実際にデザイン経営について書いたつもりもありません。あくまでも、企業のデザインの活用をお手伝いしている経営コンサルタントとして、中小企業の経営者様が、自社の経営をより良くするために、経営においてデザインを戦略的に、効果的に活用していただくためにはどうしたらよいかということをお伝えすることを目的に著しました。

中小企業といっても業種・業態や規模、置かれている環境は様々ですので、こうすればデザインを戦略的に活用できて、売上がバンバン上がりますといった絶対的な方法といったものは存在しません。本書はあくまでもデザインの活用方法の1つのやり方の提案だとお考えください。もっと良い方法もあろうかと思いますので、皆さんも違うアプローチ方法をどんどん提案していただくことが私の望みです。経営におけるデザインの活用について、具体的な手法がもっと盛んに世に出るようになれば、多くの中小企業がデザインをより活用できるようになり、それが中小企業の抱える問題の解決に繋がればと思います。

最後に、本書をお読みいただきありがとうございました。本書がデザインを戦略的に活用するためのきっかけになり、中小企業の経営者様、そして従業員の方々の毎日の努力が少しでも報われる一助となれば幸いです。

2021年1月　待谷　忠孝

参考文献

Aaker, D.（2014）Aaker on Branding: 20 Principles That Drive Success（阿久津聡訳『ブランド論―無形の差別化を作る20の基本原則』ダイヤモンド社，2014）

ウジトモコ（2009）『売れるデザインのしくみ　トーン・アンド・マナーで魅せるブランドデザイン』（ビー・エヌ・エヌ新社）

小山田育，渡邊デルーカ瞳（2019）『ニューヨークのアートディレクターがいま、日本のビジネスリーダーに伝えたいこと』（クロスメディア・パブリッシング）

Kim, W.C and Mauborgne, R.（2015）Blue Ocean Strategy:Expanded Edition（入山章栄監訳・有賀裕子訳『[新版] ブルー・オーシャン戦略』ダイヤモンド社，2015）

Keller, K.（2008）STRATEGIC BRAND MANAGEMENT THIRD EDITION（恩蔵直人監訳『戦略的ブランド・マネジメント 第3版』東急エージェンシー，2010）

Kotler, P. and Keller, K.L.（2006）MARKETING MANAGEMENT, Twelfth Edition by KOTLER PHILIP ; KELLER,KEVIN LANE（月谷真紀訳『コトラー＆ケラーのマーケティング・マネジメント 第12版』ピアソン桐原，2008）

Kotler, P. and Kartajaya, H. and Setiawan, I.（2010）MARKETING 3.0:From Products to Customers to the Human Spirit（恩蔵直人監訳，藤井清美訳『コトラーのマーケティング3.0』朝日新聞出版，2010）

野村直之（2016）『人工知能が変える仕事の未来』（日本経済新聞出版）

延岡 健太郎（2011）『価値づくり経営の論理　日本製造業の生きる道』（日本経済新聞出版）

Moon, Y.（2010）DIFFERENT（北川知子訳『ビジネスで一番、大切なこと』ダイヤンド社，2010）

山脇惠子（2010）『色彩心理のすべてがわかる本』（ナツメ社）

鷲田祐一（2014）『デザインがイノベーションを伝える　デザインの力を活かす新しい経営戦略の模索』（有斐閣）

渡辺幸男，小川正博，黒瀬直宏，向山雅夫（2013）『21世紀中小企業論　多様性と可能性を探る[第3版]』（有斐閣）

セイコーミュージアム銀座　https://museum.seiko.co.jp

待谷 忠孝（まちたに　あつよし）

DaS株式会社代表取締役。中小企業診断士。経営学修士。
1975年大阪府生まれ。Webデザイナーとして大小様々な企業のWeb制作・企画に携わった後、経営コンサルタントとして独立。

経営者様の毎日の努力が少しでも報われるように、企業の価値を創る、価値を伝えるための経営におけるデザインの全体最適化の支援をしている。

https://www.das-corp.co.jp

中小企業が成長するための
デザイン戦略
価値を創る、価値を伝える

2021年2月5日　初版発行

著　者　待谷　忠孝
発行所　株式会社　三恵社
〒462-0056 愛知県名古屋市北区中丸町2-24-1
TEL 052-915-5211　FAX 052-915-5019
URL https://www.sankeisha.com/

　ISBN978-4-86693-329-0